THE ELEMENTS OF INVESTING
UPDATED EDITION

Burton MALKIEL & Charles ELLIS

投資の大原則

人生を豊かにするためのヒント

［第2版］

バートン・マルキール　チャールズ・エリス

鹿毛雄二・鹿毛房子訳

日本経済新聞出版

私たちの素晴らしい孫たち、ポーター、マッキー、ジョージ、
ジェイド、モーガン、チャールズそしてレイに本書を捧げる

The Elements of Investing

Updated Edition

by

Burton G. Malkiel and Charles D. Ellis

This translation published under license
with the original publisher John Wiley & Sons, Inc.
through Tuttle-Mori Agency, Inc., Tokyo.

『投資の大原則』第2版刊行にあたって

素晴らしい女性の話をしよう。オセオラ・マッカーティさんは1999年に91歳で亡くなったが、遺言で15万ドルを南ミシシッピ大学に寄付した。それに対し、大学から名誉学位が贈られ、さらに、アメリカで市民に与えられる褒賞としては上から2番目に位置付けられる大統領市民勲章ももらった。彼女の寄付が驚くべきものだったからだ。というのは、彼女は皿洗いをして生活費を稼いでいたのだ。

子供の頃、マッカーティさんは母親からしっかり切り詰めて生活するようにと教えられて育った。それで彼女は生活に必要なものに最低限のお金を使ったが、一切ぜいたくはしなかった。テレビは中古品を買ったが、ケーブルテレビには加入しなかった。車の運転はせず、どこへでも歩いて行った。自宅は、叔父さんから遺産としてもらったものだった。一生を通じて、彼女の蓄えはなんと25万ドルほどにもなっていた。

マッカーティさんは質素倹約のお手本といえる。ちょっとした意思があれば大金を貯められるという素晴らしい見本だ。そう、これが健全にお金を貯めるための第I章にあたる。そして、バートン・マルキールとチャールズ・エリスによるこの素晴らしい本の第I章なのだ。

何十年にもわたって、マルキールの『ウォール街のランダム・ウォーカー』とエリスの『敗者のゲーム』は、多くの人々が投資の基本を理解し、貯めたいと思う目標金額に届くようにお手伝いをしてきた。この『投資の大原則』では、マルキールとエリスのこれまでの知恵と経験を最大限に活かして、読者のみなさんがどのようにお金を貯めて投資をすればよいかを簡潔に説明している。

プロの中には、特別な才能に恵まれ、見識を持った者にしか投資はうまくいかないと主張する人たちがいる。そして、もちろんそう主張する人たちは、自分はそのうちの1人だと思っている。マルキールとエリスは、投資はこうしたエリートだけのものではないはずと考える。アメリカン・フットボールでも、優秀なクォーターバックがいれば必ず勝つわけではない。勝つためには攻撃を止め、タックルする強固なディフェンスが必要だ。投資においても同じようにディフェンスが決め手になる。

この『投資の大原則』は、みなさんが貯めたお金を何倍かにして目標額に達するようにお手伝いをする道しるべだ。投資の第一歩は、お金はいつ必要となるか、どのくらいの投資リスクなら我慢できるか、といった質問に、みなさん自身が答えることから始まる。このような質問に答えていくと、自分に合った株、債券、預金の適切な配分比率が見えてくるだろう。

これは、というものに集中して投資するのではなく、バランスの取れたやり方、すなわち、投資先を広く分散することが大切だ。そして著者が主張する最も重要なことは、コストが低いものを選ぶということ。リターンが一定なら、手数料が高ければ高いほどあなたの取り分が減るからだ。本書の著者たちは、目標を達成したいなら、手数料が少額ですむインデックス・ファンドが一番だ、と言っている。

このやり方は、たしかにあまり胸がときめくようなものではない。攻めているほうが守りより楽しい。しかしあえて言う。ほとんどの人にはこのインデックス・フアンド投資が向いている。われわれバンガードでは、このインデックス・ファンドが最良と信じて、何年にもわたって多くのお客様に提供してきた。

この『投資の大原則』の第2版では、リーマンショック後の投資環境を踏まえた第Ⅵ章が追加されている。一部のプロは昔のルールはもはや通用しないと主張する。今や長期的に低利回りしか期待できず、相場変動の激しい不安定な時代となった。だから株を買って長期に所有し続ける時代は終わり、目の前のチャンスを機敏に活かせ、と。マルキールとエリスはこうした主張に眉をひそめている。そして、バンガードの職員たちも。

2人の著者は、初版における主張がリーマンショック後の環境においても通用することを再確認し、その確証も示している。分散投資、リバランス（債券と株の配分調整）、定期定額積み立て投資、手数料の安いインデックス・ファンドが投資を成功させる最良の方法だ、と教えてくれる。

本書は、これまで投資をしたことのない方にも、経験のある方にも必読の書である。高校でこの本を読むことを義務化するといい。複利の効果はとくに若者に役立つものだからだ。投資経験豊かな方々にも、この本は役に立つ。多くの思い違いを指摘し、無意識に犯す間違った行動を明らかにしてくれるからだ。自分の思い違いや間違った行動がわかれば、自ずと投資はうまくいく。もっといい方法があるはずだという誘惑に駆られないように、この本を何年かに一度は読み直してほしい。

ここに書かれているシンプルな原理は、多くの方々が素晴らしい結果を得るのに役立ってきた。その実例を、私はこれまでの仕事を通して本当にたくさん見てきた。

バンガード　最高投資責任者　ガス・ソーター

序文

投資の世界を代表する偉大な思想家、チャールズ・エリスとバートン・マルキールの2人が知恵を合わせて、個人が投資をするための素晴らしいガイドブックを作り上げた。2人はすでに、『敗者のゲーム』(エリス)、『ウォール街のランダム・ウォーカー』(マルキール)という証券投資の最高の作品を書いている。では、なぜこの2人が、古典ともなっている本と同じテーマに取り組んだのか? その背景には、これまで個人投資家に対するアドバイスはメチャクチャで、まともなものがほとんどなかったという事実がある。そこで、この2人は一般の読者のために、アインシュタインの「できるだけシンプルに、しかし、シンプルすぎないように」という原理・原則にならって、基本にしぼって書くように心がけた。

自分のお金を運用するためには、３つの重要な問題がある。資産配分、マーケット・タイミング、銘柄選択だ。資産配分とは株式や債券といった資産を、長期的にどういう割合で持っているのが望ましいかを決めること。マーケット・タイミングとは、長期的に決めた資産配分比率を維持しながら、短期的に特定の資産を売買すること。銘柄選択とは、配分比率を決めた各資産に、具体的にどのような銘柄の株式や債券を組み入れるかの問題である。

このうち資産配分がとくに重要だと、エリスとマルキールは主張する。理論的には、資産配分こそが運用成績を決める最大要因で、マーケット・タイミングや銘柄選択の影響はほとんどないと考えている。マーケット・タイミングと銘柄選択に基づいて投資をすれば、運用機関に対する報酬や証券会社に対する売買手数料など多くの費用がかかる。そして、その分だけ確実に投資リターンは下がる。このように、マーケット・タイミングと銘柄選択を行うと高くつき、得られるリターンが減ることになる。

エリスとマルキールによると、投資家は最高値の人気株を追い、出遅れ株を投げ売りするなど、いつの時代にも懲りずにマーケット・タイミングに振り回される。

投資信託に関する数多くの研究から、人々は高値で買い、安値で売るということがわかった。つまり、タイミングの判断の悪さが資産を減らしているのだ。だからこの2人は、一貫した長期投資戦略を作り、それを貫き通すように勧めている。

銘柄選択は投資リターンをさらに押し下げる。たとえば、多くの投資信託は、市場インデックスと同じ動きを目指すパッシブ・ファンドに負けている、という残念な統計が紹介されている。そこに登場する暗澹《あんたん》たる数字は、この深刻な状況のほんの一部にすぎない。

エリスとマルキールによると、この数字はそれでも現在まで生き残っている投資信託全体の中では、比較的優良なファンドだけに関するものだそうだ。運用に失敗して解散した投資信託を含めると、さらに低リターンになるが、その数字は把握しようがない。証券価格調査センターは、解散したか残っているかを問わず、すべての投資信託のデータを集めている。それによると、2008年12月現在、3万9000の投資信託があり、そのうち運用されているのは2万6000。1万3000が消滅し、その運用成績のデータは存在しないので、本書では統計から除外されている。

このように、多くのファンドが解散するという投資信託業界特有の事情も含めて考えれば、低コストのパッシブ運用が大切だという2人のアドバイスはいっそう説得力を持つ。

もっとも、ほんのわずかな点で、2人とは意見が異なるところがある。たとえば、持ち家は投資資産ではなく、消費財に近いと私は思う。また、彼らが本音のところで、個別銘柄の選択に肯定的な点に少し疑問を感じる。実際、彼らがいくつかの株に投資をして大きく儲けたと聞いたことがある（現代の資産運用の世界を代表する巨人たちが、市場平均に勝とうと努力しているなんて、驚きではないか。そう、この2人は成長株を見つけている。私たちにはできない）。

だから私のほうが、もっと強くバンガードのファンドをお勧めする。この会社は、TIAA－CREF（大学教職員年金）同様、利益を目的として運用していない。だから、運用機関の利潤重視動機と受託者責任との間の、よくある利益相反も起こらない。こうした些細な考え方の違いはあるものの、本書には重要で基本的な投資の原理・原則が示されている。

1970年代末、私がイェール大学の博士課程の学生だったとき、博士論文の指導教授でノーベル賞学者のジェームズ・トービンは、証券市場が基本的にどのように動いているかを学ぶために『ウォール街のランダム・ウォーカー』を読むようにと言った。このマルキールの本は、私にとってこの分野での勉強の基礎となった。

1980年代半ばに、私は大学財団基金を運営するためにイェール大学に戻った。そこで私は、『敗者のゲーム』のもとになった『機関投資家時代の証券運用』(*Investment Policy*)と出合った。このエリスの本は、資産運用に関して数え切れないほど多くの指針を私に与えてくれた。今回、チャールズ・エリスとバートン・マルキールは、すべての投資家のために画期的な入門書を書いてくれた。

彼らのアドバイスに従おう。成功を祈る!

イェール大学財団基金運用責任者　デイビッド・スウェンセン

はじめに

バートン・マルキールの54年とチャールズ・エリスの50年――2人合わせて100年を超える研究と経験の結晶の本書をお届けしたい。私たちにとっても、「こんなことが以前からわかっていたらよかったのに」と思うような本だ。人生の最良の教師は経験であるとよくいわれるが、それにはしばしば高い授業料を払わせられる。この本は、一般の人たちが――私たちのかわいい孫を含めて――将来経済的に困らないように貯蓄と投資の大原則を示したものだ。2時間もあれば読める読みやすい本にした。

投資について書いた本は数多い。しかし、その多くは400ページ以上もあり、複雑で技術的な説明に終始していて、普通の人には難しい。

誰も、そんな分厚い本を読みたいとは思わないし、細かい技術的なことに興味もない。しかし、自分のお金をどのように運用するかを決めるには、幅広い情報が必要で、また失敗すれば損をするので、投資には消極的になりがちだ。

だからこそ、簡単に読めて、専門用語を使わない、投資の最も重要な基本原則を整理した本を出すことにした。ウィリアム・ストランク・ジュニアとE・B・ホワイトの古典的名著、*The Elements of Style* という文法の本をご存じだろうか？　もし読んだことがあるなら、本書のタイトルがそこから来ていることに気づかれたかもしれない。そして、なぜこの本がこんなにコンパクトなのかも。

もちろん、ストランクやホワイトの名前を聞いたことがなくても、心配ご無用。重要なことは、その2人が修飾的な文をそぎ落とし、英語の基本的ルールとその使用法のみにしぼったという点だ。92ページにもならないその本で、彼らは文章作成について本当に大切なことをもれなく書いている。簡潔で明瞭に。ストランクとホワイトの、このウエハースくらいの薄さの本が何十年にもわたって読み継がれてきたように、本書もずっと読まれることを期待したい。

私たちもこの文法書にならい、投資の要点について簡潔に述べていきたい。投資という頭が痛くなる問題について、重要なことが片手で数えられるほどの原則に集約できることは、私たちにとっても大変な驚きだった。複雑な税制に惑わされて頭が混乱しなければ、投資は簡単なものだ。原則を知っていると知らないとでは、人生が大きく違う。

私たちは約束したい。この本を読めば、あなたは長期にわたって経済的に困らない正しい道筋を自分で見つけることができる。そうして、もし本当に投資に失敗したくないのなら、生涯を通じてこの本を何度も読み返し、何が重要であるかを思い出してほしい。

すべてはお金を貯めることから

この本を書くにあたって、投資についてわかりやすく簡潔に書くことを心がけた。一生お金に困らないように、とくに定年後を豊かに安心して暮らすためには、大切なお金をどのように投資すればよいのか。そういった疑問を抱える人のために、2人で知恵をしぼった。

普通の人には難しい複雑な投資は必要ない。誰にでもできる健全な投資手法をお教えしたい。しかし、投資をするお金がないことには、リターンが2％だの、5％だの、10％だのといっても始まらない。

まずお金を貯めることから始まる！

投資をするお金がないことには、リターンが
2%だの、5%だの、
10%だのといっても
始まらない。

目次

II シンプルな投資法

III

一に分散、二に分散、三に分散

Ⅳ 大きな失敗を避けよう

V 私たちが勧めるKISSポートフォリオ

VI 暴落期でもあてはまる大原則

I

まず貯蓄を始めよう

Save

まず貯蓄を始めよう。できるだけ若いときからこつこつとお金を貯めることは、自分の人生設計をすることと同じように重要なこと。それに比べれば、貯蓄を始めるにあたって今どのくらいの預金残高があるかということは、大した問題ではない。ある銀行の宣伝にこんなのがある。

私どもの銀行では、こつこつと確実に貯めていくことができます。
あなたが貯めようと決心さえするなら。

金持ちになる早道は簡単だ。支出を収入より少なくすること。そうすれば、もうあなたはお金を持っている。支出以上の収入があるのだから。この法則は、卒業したばかりの若者だろうと、大金持ちだろうと、誰でもあてはまる。人生を楽しみながら、つましく暮らした学校の先生が、1億円以上もの不動産を遺したという話を耳にしたことがある。これこそ、つましい暮らしの結果成し遂げられた本当の豊かさだ。大切なことは、その先生はお金を貯め続けた、という事実だ。

一方、逆のケースもある。年収10億円以上という男がいた。お金を湯水のごとく使った。そして、とうとう家族名義の財産にも手をつけてしまった。なぜか。贅沢な生活を送ったからだ。自家用飛行機や何軒もの別荘を持ち、高価な絵画を頻繁に購入し、何百人も集めたパーティーを開いた。その結果、この男の老後は惨めなものだった。

ディケンズの自伝的小説『デイヴィッド・コパフィールド』に登場する楽天家のウィルキンズ・ミコーバーのせりふは有名だ。

年収が20ポンドで、1年間に使うお金が19ポンド19シリング6ペンスであれば、支出がわずかでも収入を下回るので幸せ。だが、年収20ポンドで1年間に使うお金が20ポンド6ペンスだと結果は不幸せだ。

節約は自分のため。理由は2つ。1つは、節約をすれば、あとでひどい後悔をすることはない。詩人のジョン・グリーンリーフ・ウィッターは、こう書く。「人と話をしたり文章を読んでいるときに、最も残念なことは、『あのとき、こうしていれば』という後悔の言葉だ✡」

「あのとき、ああすべきだった」とか「こうしていたならなあ」といった言葉も、まったく虚しいものだ。

2つめの理由は、節約は精神的にも良い、ということだ。つましく暮らしている間も、またその後においても、節約は心を穏やかにし、また目標どおり節約ができると達成感がある。そして、将来の人生の選択肢が広がる。

後悔をしなくてすむというのは重要だ。おそらく将来、後悔しなくてすむというべきだろうが。同時に、現在も後悔しない生活を送ることが重要だ。賢く貯めることは精神的にもいい。しかし、それは行きすぎて、ぎすぎすした生活をするということではない。節約しようと思いすぎてもいけない。どうすれば節約が習慣となり、

✡この言葉は1856年に書かれた『モード マラー』という詩から。

そしてそれを持続できるか、自分に合った方法を探していこう。☆☆

節約の目的は、人生において大切だと思うことを達成したり、継続したりすることにある。我慢に我慢を重ね、無理をすることではない。まったく逆だ！　節約するのは、充実感を得るためだ。人生に対する満足感。人生において最善の選択をしているという満足感と、そのような人生を送っているという充実感を得るためだ。蓄えがあると、将来したいと思っていたことができる。節約は面倒見の良い友だちだ。将来あなたが本当にこうしたい、こんなふうに暮らしたい、という夢を実現する手段だと考えてみるといい。

▽節約して損をすることはない

節約の第一歩は無駄遣いをやめること。自分の収入以上に浪費する生活、とくにクレジットカードの使いすぎをやめることだ。節約にはこれといったルールはないが、重要な鉄則はある。それは「絶対に、絶対に、カードローンに頼るな」ということ。これは犯してはならない掟《おきて》だ。

スコット・アダムスの漫画『ディルバート』の中で、カードローンのことを作者は「お金の世界の麻薬」と呼んでいる。そして、「カードを使えば、1銭もかからずにたちまち満足感が得られる。しかし、ご存じのように、すぐに奈落の底に突き落とされる」とも言っている。

クレジットカードでお金を借りるのは素晴らしい。ただ、それは自分にとってではない。カードローンが素晴らしいのは、貸し手にとってだ。貸し手だけがいい思いをする。クレジットカードはとても便利だ。しかし、良さそうに見えるものにはすべて、限度がある。クレジットカードの限度は、クレジット会社が決めた「借り入れ限度額」ではない。賢明なカードローンの借り入れ限度額はゼロだ。

✡✡マルコム・グラッドウェルが『ブリンク』(『第1感「最初の2秒」の「なんとなく」が正しい』光文社、2006年)という著書の中で、次のように述べている。「背が高くなるようにやってみる、というのもよいかもしれない。182センチメートルを超える人は、そうでない人に比べて年収が平均5000ドル多い。というのは、この国では背の高い人の評価が高いので、その結果、背の高い人は高収入となる」

カードローンは魅惑的だ。凍った道ですべって転ぶように、いとも簡単に転落する――とてつもない額の借金へと。しかし、多くの場合、決して全額返せとはいわれない。銀行は毎月の返済額を低く抑えるのを「寛大にも」認めるだろう。簡単だ。あまりにも簡単すぎる！　しかし、返済額はどんどん膨らみ、その結果、銀行から手紙が来る。その手紙によると、借金の額が大きいので利息が上がる。そして、本来自分のポケットに入るはずのお金をそのまま銀行に返済するようにと書かれている。ここであなたは、借金があるという問題では片付かない状況になる。銀行の要求をのまなければ、法的措置が取られる。悪いことはいわない。絶対に、絶対に、絶対に、カードローンに手を染めてはいけない。

▽「時は金なり」の本当の意味

ゆっくりと確実にお金を貯める秘訣は、投資で得た利益を再投資（複利）すること。アルベルト・アインシュタインは複利こそが宇宙で最も強力な力だと言った、とされる。要するに、投資したお金に利息がつくだけでなく、その利息にも利息がつくからだ。

ゆっくりと、しかし確実にお金を貯める秘訣は再投資（複利）にある。

なぜ複利はそんなに有利なのか。アメリカの株式市場を例にとって見てみよう。この１００年にわたって、配当と値上がり益で平均10％のリターンを生み出してきた。もちろん、リターンはある年は多かったり、少なかったりと変わる。

具体的に見よう。年10％のリターンがあるとする。１００ドルから始めると、１年後には１１０ドルになる。元金の１００ドルとリターンの10ドルの合計額。元金の１００ドルとこの10ドルも一緒に再投資すると、２年目にはこの１１０ドルに対して11ドルの利益が得る。合計１２１ドル。３年目には12・１ドルが得られ、合計１３３・１ドル。このように再投資を重ねていくと、10年後には２６０ドル。再投資をせずに10ドルずつ毎年得た場合と比べると、60ドルも多い。複利バンザイだ。

▽ 驚異の「72の法則」

「72の法則」というのをご存じだろうか？　簡単な法則で、再投資のなぞを解き明かすものだ。それはX×Y＝72、すなわちX（お金が2倍になる年数）掛けるY（リターンの年率）が72になる、という式のことだ。

たとえば、お金を10年で倍にするには、どのくらいのリターンが必要なのか。答えは、10×Y＝72なので、Y＝7・2％。

このルール72を使って、あるリターンのとき、自分のお金が倍になるには何年かかるかを計算できる。たとえば、8％のリターンがあるとして、資産が倍になるには何年かかるか。答えは、9年（72÷8＝9）。簡単だ。

もう1つやってみよう。年利3％とすると、何年で資産を倍にできるか？　答えは、24年（72÷3＝24）。

最後にもう1つ。4年で倍にします、という投資話を誰かが持ち込んできたとして、その人はいったい何%のリターンを約束したことになるのか?

答え:18%(72÷4=18)

72の法則に注目すると、そこから見えるものはとても魅力的だ。10%のリターンなら7・2年で資産が倍になる、とすると、約15年で(正確に計算すると14・4年)資産は4倍——18・8年で資産は16倍にもなる。

25歳の人が今日、素敵なレストランでワインを1杯飲むのを我慢すれば、複利のおかげで、30年後には同じレストランで奥さんとフルコースのディナーが食べられる。再投資の威力は、若いうちから節約をして投資すれば発揮される。時間が自分のために働いてくれる。素晴らしい。

時は金なり。しかし、ジョージ・バーナード・ショーによると、「若者は若さを無駄遣いする」。若い頃に知っていればよかったのに、と悔やむ。資産を長期に再投資し続ければ、その合計は驚くべき額になる。ジョージ・ワシントンが初代大統領のとき、その給料からたった1ドルをとっておいて、年平均8%で投資したとすると――この200年の株式の年平均リターンは8％――今日の子孫は800万ドルを手にすることになる。アメリカのドル紙幣でワシントンを見るたびに、このことを思い出してほしい。

ベンジャミン・フランクリンの場合は、仮定の話ではなく、実例を示している。フランクリンが1790年に死んだとき、愛するボストンとフィラデルフィアの両市にそれぞれ5000ドルずつ遺産を贈った。そして、遺言でその資金を投資するように指示し、100年後と200年後に公共事業費として引き出してもよいと記されていた。

100年後、2つの市は50万ドルを引き出すことができた。200年後の1991年、両市はそれぞれ合計額を受け取った――再投資し続けて約2000万ドルずつ。フランクリンの例が示すとおり、再投資し続けることのすごさがわかる。

「お金がお金を生む。そして、お金が生んだお金がまたお金を生む」

最近の例として双子の兄弟の話がある。ウィリアムとジェームズという、現在は65歳になる兄弟だ。45年前、ウィリアムが20歳のとき、退職後に備えて資金を貯めることにした。毎年、年の初めに4000ドルを株に投資した。20年経って合計8

万ドルを投資資金として投入したところで、新たに資金を投じるのをやめた。しかし、口座に貯まったリターンは、新しい資金として再投資し続けた。その資金は平均10％のリターンを生み、老後資金なので税金もかからない。

一方、もう1人の兄弟ジェームズは、退職後の資金を40歳から貯めた。ちょうどウィリアムがやめたときから。４０００ドルを25年間貯め続け、投資合計額は10万ドルにもなった。この兄弟が65歳になったとき、どちらのほうが多く貯めただろうか。

- ウィリアムの資産は約２５０万ドル
- ジェームズの資産は40万ドルに届かなかった

ウィリアムの勝ちだ。実際に投資した額は、ウィリアムのほうが少ないにもかかわらず、ウィリアムのほうが２００万ドルも多く貯めた。この教訓ははっきりしている。若くから始めると大きく増え、複利の有利さをフルに活かせるということだ。

他のケースで、実際の投資リターンがどうなるかを見よう。ある人は若い頃から投資を始めたが、タイミングが悪かった。毎年、その年の最高値で株を買っていた。もう1人はもう少し年を取ってから投資を始めたが、毎年、その年の最安値で買った。ところが結果は、前者は投資総額が少ないにもかかわらず、またタイミングも悪かったにもかかわらず、後者より多くの資金を蓄えた。

投資をするのにタイミングは大切だ。しかし、タイミングよりも、いつから投資を始めるかというほうが重要だ。退職に備えた資金を貯められない言い訳はたくさんある。しかし、そんな理由を挙げてばかりではいけない。時間を味方につけよう。堅実にお金を貯めるには賢くなければならない——つまり、ゆっくりと——そして、今から始めよう。

すべての経済法則がそうであるように、72の法則の使い方にも頭を使わなければならない。このルールは味方につければ素晴らしい結果をもたらすが、敵に回すと怖い。その敵となるのがカードローンだ。カードローンでは18％というのが〝普通〟の利率だ。もし支払いが遅れると、延滞利率が上乗せされる。その延滞利息が加算された額に、また延滞利息が加算される。

カードローンは素晴らしい投資収益とまったく逆の効果をもたらす。こんな高いレートで、複利を利用して投資をしたいと思わないか。もちろん、したい。誰もがこのご利益にあやかりたいと。18%の利率だと、借金は4年で倍に、そして次の4年でさらに倍になる。えっ！　たった8年で借金が4倍に！　これも再投資と同じ法則だ。だからこそ、銀行は、この法則をわかっていない人たちにクレジットカードを広く配りたいのだ。決して、決して、カードローンを使ってはならない。

▽節約をゲームとして考える

「『退職後に幸せな生活をするには、収入の範囲内で暮らすこと』なんてとっくにわかっているよ」と言われるだろう。「『毎月決まった金額を貯めることが資産形成の鍵だ』ということくらい知っている。だけど、収入の中でやりくりするなんて、できないよ」と。この章では、賢く蓄える秘訣をいくつかお教えする。といっても、成功するかしないかは、自分しだいだが。

節約、すなわちお金を蓄えるのは、ダイエットと似ている。どちらも自分をコントロールすることと、正しいやり方が大切。どうすれば自分を正しくコントロールできるだろうか。一言でいうと、スリムであることが好き、節約する人は節約が好き、ということ。多くの場合、上手な節約の秘訣は、節約をゲームとして考えること。誘惑をはねのけるゲームとしてとらえるのだ。

節約でもダイエットでも、成功する人は、それが達成できたときの喜びを、はっきりとイメージできる。倹約家は節約する自分に満足し、お金を蓄えることが楽しみになる。これは、ダイエット中の人がスリムな自分に満足し、美しい自分に喜びを感じ、褒められてうれしくなり、健康で長生きできることに達成感を感じるのと同じだ。倹約家は、お金をしっかりと管理できる自分に秘かに満足し、将来、経済的に人に頼らずに幸せな生活が送れると確信する。

偉大な投資家として世界中で尊敬されているウォーレン・バフェットは、何百億ドルもの資産がありながら、つましく暮らしていることで有名だ。バフェットにとって、若い頃に使う1ドルは7ドルか8ドル、いやそれ以上の額の支出と同じだった。1ドルを投資に回せば、時が経つと、7ドルか8ドルという額になるからだ。

目標を達成したときに得られる喜びをイメージし、倹約家やスリムな人はその過程を楽しむ。そうした人は不満を感じない。目標達成の過程が楽しい。目標が近づくにつれて、楽しみや満足感は倍加する。みなさんにもできるはずだ。

節約の秘訣は理性にある。理性的になることは単純だが、決して簡単ではない。私たちは弱い人間であり、節約したり投資したりするには欠点が多すぎる。もう少し理性的になる方法は、この話題を隠さずに周りの人と話し合うこと。この友人が配偶者なら、さらによい。彼女（彼）は自分にとって大切な人であるだけでなく、彼女（彼）にとっても自分は大切な人であり、相互に依存しているからだ。

お互い率直に話し合い、あなたが自分の支出について納得したなら、それは素敵なこと。そのままで！　自分のお金の使い方に本当は問題があると認めるなら、それが改善への第一歩となる。

節約の簡単な第一歩は、衝動買いをやめること。店に行く前に買い物リストを作り、リスト以外の物は買わない。こうすれば、必要な物がはっきりするだけでなく、なぜ必要かも明らかになる。配偶者や友人が一緒に買い物に行き、「2人が賛成しないと買わないルール」を実践しよう。

節約をすれば、その分、将来の自分の生活が豊かになる。それは、どうすればより賢く使い、そして上手に節約できるか、自己分析することから始まる。目標ははっきりしている。本当に望むものを実現すること。

2カ月に一度、支出を見直そう。もちろん、クレジットカードの支払い分も含めて。どの支出も、支払う価値はあったか。すべての支出は必要だったか。無駄遣いもあるだろう。そこで最も無駄だったと思うものに注目しよう。それにお金を使わなかったら、つまらなかったと感じるか。そんなにお金を使わないと、いい思い出にならなかったか。そんなにお金を使わないで、楽しむ方法は他にないのか。

友人や店員に勧められたり広告につられて、不要な物を買ってしまった経験がこれまでなかったか。ちょっと見栄を張ったことだってあるだろう。ほとんどの人は周りの人の影響を受ける。自分がそうだとしても何の不思議もない。周りに影響されずに本当に必要かどうかを考えるには、ちょっと冷静になることだ。

人の考えに影響されているかどうか簡単なテストがある。みんなが持っているのに自分だけが持っていないとき、自分も買いたいと思うだろうか。周りの人、とくに知り合いの田中君や斉藤さんとの付き合いは、自分の消費行動に大きな影響を及ぼす。みんなと同じようでいたい。周りと同じようでありたいと思うのは、みんなと同じような服装をしたいと思うティーンエージャーだけではない。プラダ、ジバンシイ、ポロといったブランドの人気が高いゆえんだ。

支出をよく見て、3つに分類してみよう。とても良い支出、まあ良い支出、どうかなと思われる支出。それから、そんなに価値はなかったのでは、と思うものを2つ、3つ探そう。今後そういったものにお金を使わないようにする。そして、そのお金を貯金箱に入れるか、銀行に持っていく。リスが冬に備えてドングリを貯めるように。

狭くて質素なホテルに泊るのはいやか。豪華な部屋に泊まるのが大切なら、それもいいだろう。しかし、もし部屋が良いか悪いかなど気にしないのであれば、節約をして自分が本当に価値があると思うことのためにお金をとっておく、またとないチャンスだ。

街に住む人には、地下鉄はタクシーよりも便利だ。ずっと安く、多くの場合、早く目的地に着く。それでもタクシーに価値を見出す人もいる。人それぞれだ。好みの違う2人が、幸せに結婚生活を送る。その秘訣は互いに違いを認め合い、ここまでならいいという許容範囲を設けることだ。

1人が高級ワイン好きで、ワインにくわしく、ワインをたくさん持っているとしよう。レストランに行っても、ワインリストを吟味し、割安の高級ワインを注文する。ディナーで高級ワインを飲むだけでなく、それを選ぶプロセスも楽しむ。もう1人はまったく飲まない。相手の好みを尊重する。それで2人とも幸せだ。

さて、節約には、小さく節約する方法と、大きく節約する方法がある。それぞれを見ていこう。

▽こつこつ貯める

ちょっとした節約をするには、いくつかの方法がある。そうすれば、それが楽しみになり、少しずつ貯まる。

➤クリスマスカードを今年の12月26日か27日に買う——来年用を。

➤外食するとき、まず好きな食べ物を2つ選ぶ。そして、そのうちの安いほうを注文する。その差額はポケットに。前菜もなるべく安いものを注文。前菜は一番好みが出るから、そうすればポケットにはもっと入る。

- 映画館に行かずに、最新作をレンタルビデオ店で借りる。自宅でポップコーンを作り、冷蔵庫にある飲み物を飲みながら。
- 古本をアマゾンで買う。最新ベストセラーでも。
- 冬には室内設定温度を数度下げ、厚着をする。
- 朝4ドルのカフェラテを飲んでいるなら、普通のコーヒーに変える。
- 自分の使ったお金はすべて家計簿につける。そうすれば、自分が使っているお金の多くは、あまり必要のないものだとわかる。
- 毎日ポケットから小銭を取り出して豚の貯金箱に入れよう。貯まればバケーションにも行ける。月末にそのお金を投資に回してもいい。
- 安い自動車保険に入ろう。ゴールド免許ならより安い。
- 今度バケーションに行くなら、ピークを避けて出かけることを検討しよう。

▽ 大きく貯める

この方法なら本当にお金が貯まる。

▼生命保険に入りたいなら、保険料の安い定期保険に地方銀行かインターネットで加入しよう。定期の生命保険料は下がっている。平均寿命が延びていることと、生命保険会社が最近顧客個人に対応した商品設計をするようになったためだ。インターネットで申し込めば、経費が少ないので安い。10年前には40歳の標準男性で60歳までの20年間、10万ドルの死亡保険金を得るための保険料は1300ドルだった。今日ではたった600ドル。かなりの節約だ。

▼手数料の安い商品に投資を集中するとよい。手数料の安い投資商品とはどういうものか、どうすればそういった商品が手に入るかについては、のちほど述べる。

▼新車に近い中古車か、これまでの車より小さい車を買う。この2つの条件の

両方とも満たせばなお良い。

➤ちょっとした事故や火災に対しては、保険に頼らず自分で払ったほうがいい。自動車保険と火災保険はかなり税控除があるので、大きな事故や火災に対してはしっかりと保険をかけよう。保険会社のコストのほとんどは、少額な請求のためのペーパーワークによるものだ。ということから、損害保険はあまり起こりそうもない大事故に対してのみかけるとよい。

➤今年の支出は、2、3年前の支出以下に抑える。

➤給料の5〜10%を天引き預金する。そして、それを税金のかからない口座に繰り入れる。こうすれば、自分のためのお金をとっておき、税金は少なくなり、無駄遣いもできない。

➤「セーブ・モア・トゥモロー」（積立額を年々増やしていくプラン）という貯蓄プランに入ろう。そうすれば、来年の賃上げ分の一部も貯蓄に回せる。

機会費用（ある決断を下すのは、他のチャンスを捨てるということ）という言葉について考えよう。たとえば、今使うお金を他に回せば、もっと有効に使えるかもしれない。あるいは、今使うお金をとっておけば、退職する頃にはかなりの額になる、と考えてみる。

ベンジャミン・フランクリンの有名な言葉がある。「1ペニーの節約は1ペニー稼ぐのと同じ」。この言葉は正しいが、すべて正しいわけではない。補足すべきことがある。72の法則だ。お金を貯めて投資に回せば、7%のリターンが得られる。今日1ドル節約すれば、10年後には2ドルになり、20年後には4ドル、30年後には8ドルと、どんどん増える。若者がつまらないものに1ドル使うことは、退職時には10ドル損をしたことになる。

それでも浪費をやめられない人は、次の言葉を覚えておいてほしい。死ぬよりもつらいことがある。それは、退職後に備えて蓄えたお金以上に長生きすること。

▽税優遇策をフル活用する

人は税金をできるだけ少なくしようと努力してきた。何百年以上も昔、トスカーナの領主は塩に税金をかけた。そこでトスカーナのパン屋は、パンを作るのに塩を使うのをやめた。それが今日のおいしいトスカーナパンとなった。アムステルダムに行くと、ほとんどの古い家は間口が狭く、軒が高い。間口の広さを基準に税金がかけられたので、住民は不動産税を安くするために、そのような街並みにした。

もう1つ、家屋の例がある。フランスでよく見られる二重勾配になったマンサード屋根だ。不動産税は部屋数に課せられた。そして、2階と3階の部屋は1階に準じたものとみなされた。しかし、マンサード屋根が上に乗ると、3階の部屋は屋根裏部屋とみなされ、税金は課せられなかった。

歴史の知恵に学ぼう。税金を節約することが家計運営の大切なポイントとなる。税金を節約すれば、それを蓄えて投資に回せる。

といっても、税金を誤魔化しなさいと言っているわけではない。そんなことは決して考えないでほしい。そうではなくて、税金のかからない、さまざまな制度を活用して、自分の預金や投資を増やそうということだ。

アメリカでは、消費者は長年にわたって収入以上にお金を使う生活を送ってきた。つまり、過剰な消費、不十分な貯蓄、多額の借金という実態だ。アメリカ国民に貯蓄を勧めるために、政策としてさまざまな税金の優遇策がある。ところが残念なことに、アメリカ人の多くはこの優遇策を利用しない。かなりの金持ち以外はみな、老後のための蓄えから生じる利益に対して税金を払う必要がない。大金持ち以外の普通の人は、退職に備えて投資をしても、そこから得た収入には税金を払わなくていい。

▽自分の家を持とう

「お金の貸し手にも借り手にもなるな」と、シェイクスピアの『ハムレット』の中でポローニアスが言っている。シェイクスピアは正しい――たいていの場合は。多くの法則と同様に例外もある。住宅ローンは別だ。カードローンは絶対に使ってはならないが、住宅ローンを借りるのは賢明だ。4つの理由がある。

1―子供を育てるときに、若い家族は子育てに適したところに住むことができる。

2―銀行は収入で返せる範囲内でしか貸さない（これは70年にもわたって正しかった。しかし最近、銀行の貸しすぎが明らかになり、世界中が不況に見舞われた。しっかりとした住宅ローンのルールが確立されようとしている。結構なことだ)。

3―住宅ローンは普通の借金とは違う。住宅ローンを借りるときには、自分がいつ払い終えるかを決める(普通の借金はそうではない。クレジットカードもそうだが、貸し手がいつ返し終えるかを決める。借りた人の都合の悪いときに決まる可能性がある)。住宅ローンには、税金の優遇策がある。住宅ローンの利息を控除できる。国が所得税を低くしてくれる。

4―住宅ローンの利率はカードローンの利率よりはるかに低い。

家の値段は100年以上インフレとともに上がり続けている。ということは、家を所有すると、インフレに対抗できる。もちろん、2006年から2008年にかけての住宅バブルの際に買ったものはあてはまらない。しかし、住宅の価格はこのところ落ち着き、家を買うことは家族の幸せのためにも賢い投資であるといえる。

▽今から始めても遅くはない？

「わかったよ、先生」。「この本を20代のときに読んでいればよかった。若いときに蓄えず、ローンも残っている。今、50代になった（60代かもしれない）。ほとんど貯蓄がない。どうすればいいんですか？」

解決策はある。若いときに蓄えなかった人のために、アメリカには退職後の生活に備えた税控除貯蓄奨励策がある。しかし、容易ではない。失われた時間を取り戻す唯一の方法は、今すぐ、きちんとした貯蓄計画を立てること。50歳以上には税金が優遇される退職貯蓄プランがある。雇用者が負担する401kや個人退職プランを使えば、中年の人は税金を節約でき、投資から得られる所得には税金がかからない。

退職を目前に控えて、不安は多い。しかし、唯一確かなことがある。無駄遣いをしなければ多く蓄えられる――できるだけ多く蓄えるのが基本だ。今の生活を少し切り詰めて、貯金を始めるのに遅すぎることはない。住んでいる大きな家を売って、小さくて安い家に引っ越してもいい。あまり住居費のかからない、地価の安いところ、固定資産税の安いところへ引っ越すこともできる。そうすることで、蓄えずに無駄に過ごした時間を取り戻すことができる。

何年か仕事を辞めずに働き続けるという選択肢もある。60歳とか65歳とか、70歳で仕事を辞めなさいと、法律で決まってはいない。実際、70歳でパートとして働いている人は、何もしていない人よりも健康であることが多い。年を取っても働き続けると、年金を多くもらえることもある。

持ち家があるなら、家の資産価値を最大限に利用しよう。この本を書いている時点で、住宅ローンの利率は低い。もし住宅ローンの借り換えをしていないのなら、金利の低い今、ただちに借り換えよう。2012年時点で長期住宅ローンの金利は5％にもならない。そうすれば、毎月の住宅ローンの支払いが減り、そのお金を将来に向けて蓄え、投資に回すことができる。

退職後はその持ち家が残り、あなたの大きな資産となる。「リバース・モーゲージ」

に利用することもできる。これは、家を担保にしてお金を借りる制度のこと。住宅ローンの逆で、家を担保にして家の担保価値の限度まで、少しずつお金を借りるというシステム。もちろんこれは預金でもなく、子供に家を残せないが、必要なお金を用立てることができる。

若い頃からの蓄えがない人にとって、それでも老後を金銭的に安定したものにするための基本ルールとは、「今すぐ節約を始めよう」である。

つつましく暮らし、カードローンを使わないこと。若い頃からきちんと蓄えてこなかったとしても、経済的に安定するための基本ルールは、いつから始めても遅すぎることはない、ということ。

Ⅱ

シンプルな投資法

Index

「ディジーと僕とで50勝をあげる」[1]
「10年後には月への安全な旅行が可能になるだろう」[2]
「私は必ずここに帰ってくる」[3]

こういった大きな野望を達成するには大切な条件がある。具体的であること。計画が具体的であれば、その計画に沿って実現することは難しくない。もう1つの条件は、計画を確実に実行すること。その計画が実現可能ならば、目的は達成できる。その目標が市場においても同じだ。現実的な計画こそ、目標達成のための支えになる。

（訳注1：1930年代、カージナルスのディジー・ディィーン投手の兄、デフィー投手の言葉）
（訳注2：ジョン・F・ケネディの言葉）
（訳注3：第2次世界大戦中にマッカーサーが日本軍に追われてフィリピンを去るときに言った有名な言葉）

スポーツの世界でも、多くのコーチは計画を立てることを勧める。トレーニング計画を立て、そのとおりに実行する。同様に資金計画においても、シンプルで明確な目標を立て、それに従って実行する。

投資手段として、手数料の安いインデックス・ファンドを使う、とても簡単なプランをここで紹介したい。インデックス・ファンドは株式市場（または債券市場）のすべて（すべてではないときもあるが）を、銘柄を選ばずに単純に買うものだ。この「選択をしないで市場にある銘柄全体を買う」インデックス・ファンドに投資すると、あなたはすべての主要企業の株主になる。個々の銘柄の株や債券、投資信託に投資するのと比べて、このインデックス・ファンドはこの銘柄を買って損をした、得をしたと心配せずにすみ、時間もかからない。

簡単な投資方法であるインデックス投資は、一般的にいえば、個々の株や債券に投資するアクティブ運用ファンドよりもリターンは高い。

このシンプルな投資方法――インデックス・ファンドへの投資――は、個々の株や債券に投資するアクティブ運用ファンドよりもリターンは高い。しかし、証券市場にはさまざまな情報が渦巻いているので、この事実はわかりにくい。著者の2人も、このインデックス・ファンドを使って退職後の資産形成を行っている。そして、これをお勧めする。

▽市場以上に賢いものはない

ほとんどの投資家に、株式市場の平均以上に良い成績を出すことはできない、ということを理解させるのは難しい。投資のプロでさえ、この事実を認めようとしない。プロは、最も値上がりしそうな株を選んで買っていると思うことで、高額の報酬を得ているのだから(作家のアプトン・シンクレアは100年も前に、「本当はわかっていないのにそこから収入を得ている人に、自分はわかっていないということとを理解させるのは困難だ」と述べている)。これが市場の冷厳な事実である。市場は突然値上がりしたり、値下がりしたりして、人々を振り回す。株式相場の動きを予想するにしろ、個別の株を選択するにしろ、いつもその判断が当たっている人など、ほとんどいない。

どうしてラジオやテレビ、インターネットで耳よりのニュースを聞いて、ただちに売買しても儲けられないのか。それは四六時中、個別銘柄の分析を仕事にしているプロのファンド・マネジャーが、あなたがそのニュースを聞いて株を買う前に、すばやくその株を買っているからだ。ほとんどの重要なニュース(たとえば企業の買収提案がなされたとか)は、市場が閉まってから発表される。次の日の市場が開くときには、その提案による値上がりはもう織り込まれている。自分がそんなニュースを聞く頃には株式市場の価格にはもう織り込まれている、ということがおわかりになるだろう。

みんなが知っているニュースは何の役にも立たない。「ウォールストリート・ジャーナル」の金融コラムニスト、ジェイソン・ツバイクは次のように述べている。

私は多くの人の「自信とやる気を奪っている」とよく非難される。というのは、市場に勝とうという人を誰も信用しないからだ。私がまったく必要ないと思う情報が、そこでは大切な情報とされている。個人的にいえば、その情報が究極の自信とやる気のもととなっているようだ。これから相場がどうなるのかというすべての（あらゆる人の）情報をいち早く手に入れれば、長期的には他の投資家の誰よりも良い成績を上げられるだろう。しかし、それは不可能だ。「すべての情報をいち早く手に入れることはできないから、株式市場には深入りしない」のが、賢明な策だ。✡

この話は市場価格が正しいと言っているのではない。株式市場はたびたび大きな誤りを犯す。市場はその動きのもとの理由よりも、はるかに不安定な動きをする。2000年の初めには、IT関連株は想像もつかないようなところまで暴騰した。その後、いくつかの銘柄は90％以上値下がりをした。住宅市場は2000年代半ば

［✡ Jason Zweig, *Your Money and Your Brain*, Simon & Schuster, 2007.］

までバブルとなっていた。２００８年、２００９年に入ってバブルがはじけると、不動産市場だけでなく、世界中の銀行株やその他の金融関連株も壊滅的な打撃を受けた。

市場以上に賢いものはない。

あのとき、運用プロのアドバイスを聞いていればこの金融危機も乗り切れただろう、などと考えてはならない。プロのファンド・マネジャーが運用しているファンドもまた、ＩＴや金融関連株を大量に買っていた――それも最高値のときに。つまり、バブルの動きに取り残されまいという気持ちが働き、プロのファンド・マネジャーも進んで参加していた。

しかも、プロのファンド・マネジャーの運用するファンドの現金比率は、市場の天井で最低、大底で最高という傾向を持つ。つまり、天井まで買い上がり、大底まで売り下がる。高く買って安く売っている。「明らかに割安だ」とか「割高だ」という解説は後講釈でしかない。伝説の投資家バーナード・バルークは、かつてこう述べた。「いつも安いときに買い、高くなったら売る、というマネジャーがいるとしたら、その人は嘘つきだ」

ディメンショナル・ファンド・アドバイザーのレックス・シンクフィールドは、これを皮肉って、「市場がうまく機能しないと考えるのは、3種類の人だけだ。キューバ人と北朝鮮の人、それとアクティブ運用をするマネジャーだ」と言う。

▽インデックス・ファンドという手法

インデックス・ファンドは、市場を構成するすべての株を買って持つ単純な投資方法だ。私たちは長年の経験から、投資対象の広いこのファンドが、手数料も安い良い方法だと考えてきた。さらに、その証拠が積み上がっていき、インデックス・ファンドの良さをますます認めざるを得ない。10年以上にわたって、広範囲に株式を買うインデックス・ファンドは、アクティブ運用の投資信託の3分の2、いやそ

〈図表1〉S&P500指数がアクティブ運用投資信託に勝った比率
（2012年6月30日までの期間）

過去1年間	過去3年間	過去5年間	過去10年間	過去20年間
93%	83%	81%	77%	73%

（出所）リッパー、バンガード・グループ

れ以上に勝っている。

インデックス・ファンドに完敗した投資信託のマネジャーの数は驚くほど多い。図表1は、アクティブ運用の投資信託の運用成績とS&P500インデックスとを比較したものだ（S&P500は、全米大企業500社の平均株価の動きを示す指数）。10年間で4分の3の投資信託のマネジャーが、人気の高いこのインデックスに負けている。

投資手法としてのインデックス・ファンドの優位性は、S&P500指数に含まれる500社すべてに投資したリターンと、アクティブ運用の投資信託のリターンを比較すると、さらに明らかだ。次の図表2は、インデックス・ファンドが過去1年、いや次の年も、

〈図表2〉アクティブ運用の投資信託とS&P500との年間平均リターンの比較
（2012年6月30日までの20年間）

S&P500インデックス・ファンド	8.34%
アクティブ運用投資信託の平均*	7.00%
差	＋1.34%

（注）リッパー社の全調査対象ファンドより
（出所）リッパー、ウィルシャー、バンガード・グループ

その次の年も、何年にもわたって1％近く、平均的なアクティブ運用の投資信託に勝っていることを示す[☆☆]。

　どうしてこのようなことが起こるのだろうか。高給をもらうマネジャーが、本当は優秀ではないからか。そんなことはない。彼らは優秀だ。

　では、なぜアクティブ運用は市場平均リターンに勝てないのか。理由は以下のとおりだ。発行済みの株式はすべて誰かに保有されている。プロの投資マネジャーは市場取引の90％を占める。そのマネジャーを通して買われた株の最終保有者は年金資金だったり、401（k）プランだったり、IRA（個人積み立て年金制度）であったりする。だが、こうし

たプロのマネジャーは市場には勝てない。なぜなら、彼ら自身が市場だからだ。

投資家は市場でリターンを稼がなければならない。勝った投資家の利益の合計は、損した人の損失合計と等しい。これをゼロサム・ゲームと呼ぶ。ある投資家が運良く市場価格より高くなった株しか持っていなかったとする。そうすると、他の誰かは市場価格以下の株を持っているということになる。みんなが平均以上にうまくいくということはない。ギャリソン・キーラーの小説のウォビゴン湖の話に出てくるように、みんなが平均以上になることは不可能で、現実にそうはならない。[4]

では、なぜ投資のプロが市場平均に負けるのか？　実際のところは、経費を差し引く前は、市場リターンと同じ程度の実績は上げている。しかし、アクティブ運用の投資信託は運用手数料として年平均資産の1％の信託報酬を取る。アクティブ運用のマネジャーの手数料だ。市場平均にかなり負けていても、報酬を取る。

低コストのインデックス・ファンドの手数料はその10分の1にすぎない。インデックス・ファンドはアクティブ運用のように、「優良銘柄」を探して世界中を駆け回るアナリストに高給を払う必要がない。それに、アクティブ運用の投信は年1回資産内容を見直して入れ替える。この売買により、売買手数料のほか、「マーケット・インパクト・コスト」（自分の買い注文で値段が上がるというマイナスのコスト）など、さまざまなコストが発生する。

このように、プロのマネジャーは全体として、自分の運用手数料と売買コストの分だけ市場には勝てない。これらの経費は証券市場の「胴元」のポケットに入り、自分の年金資産にはならない。これが、アクティブ運用のマネジャーが市場平均に勝てない理由であり、そして市場がアクティブ運用マネジャーに勝てる理由だ。

▽第2のウォーレン・バフェットはどこに？

勝っているマネジャーもいるのではないか。この四半期、この1年、いやここ数

> ✡私たちが推奨する、すべての株を買うファンドは最近になってできたものなので、ここではS&P500との比較をしている。

（訳注4：毎週日曜日、20年以上も続く人気ラジオ・ドラマ。ウォビゴン湖は架空の場所。いつも番組の最後に、ここでは女は強く、男はハンサムで、子供はみな平均以上という言葉で締めくくられる）

年、市場平均に勝ってきたマネジャーの話を、ときどき聞く。たしかに市場に勝っているマネジャーはいる。しかし、そんなことは本質的なことではない。本当の問題は、これから市場に勝つことのできるマネジャーをどうやって選ぶことができるのか、ということ。

それが本当に難しい問題だ。理由は以下のとおりだ。

1―市場に勝つのはほんの一握りのマネジャーだ。1970年以来ずっと市場を大きく上回って勝ってきたマネジャーは、片手の指の数くらいしかいない。優れたコンピューターを駆使し、意欲があり、市場にくわしく、仕事熱心なマネジャーが、この競争の激しい業界に増えている。それにつれて、今や市場の95%の売買取引をする他のプロと毎日競わなくてはならないので、どのマネジャーも、市場を上回る運用パフォーマンスを上げることはますます困難になっている。

2―もう一度言おう。誰にも、どのファンドが勝つか事前にはわからない。モーニングスターをはじめとして、人気のある投資信託の格付機関でも正確には言い当てられない。

3――ファンドが市場平均に勝ったとしても、その超過利益は負けたファンドがこうむる損失には及ばない。したがって、複数のファンドに投資し、そのうち市場平均に勝つファンドが2、3あっても、全体の成績は市場平均を下回る。

過去の成績をもとに唯一予測できることは、将来成績不良のファンドを見出すこと。これまで明らかに成績の悪いファンドは、これからも成績が悪い。成績の低迷が続くのは、手数料の高いファンドに多い。運用能力が要因の場合は回復することもあるが、高い手数料は毎年取られるから救いようがない。

投資専門メディアは、直近時点で市場に勝ったマネジャーを投資の天才と褒めそやす。こうしたマネジャーは相場見通しや今後値上がりしそうな銘柄について、テレビでとくとくと話す。では、このところ調子の良いマネジャーという騎手にお金を賭けてもいいのか。やめたほうがいい。というのは、平均以上の成績を上げ続けることは難しいからだ。去年、市場より成績が良かったからといって、そのマネジャーの成績がその次の年も良いとは限らない。

この賭けに勝ち続ける確率は、コインを投げて表が出る確率と同じだ。たとえ、このところ表が続いて出ているとしてもだ。10年間トップの成績を収めているファンドといえども、その次の10年間も同じような成績を収めることはない。投資信託の成績には市場と同様、法則性はない。

2009年1月の「ウォールストリート・ジャーナル」に、「素晴らしい」投資成績がいかにはかないか、という典型的な事例が載った。2007年12月31日までの9年間で、14の投資信託が9年続けてS&P500を上回った。この好成績はファンド・マネジャーの才覚によるというのが、こういった投資信託の売り文句だった。

では2008年に、これらのうちのどれだけが市場（S&P500）に勝てたのか。それは図表3が示すとおり、14投資信託のうちたった1つだけだった。調査をすればするほど、同じような結論になる。良い成績の投資信託を追うことは、お金の無駄であり、精神衛生上も良くない。やめたほうがいい。

例外のない法則はあるだろうか？　すべてのプロのマネジャーの中で、ウォーレ

〈**図表3**〉優良投信のうち、2008年にS&P500より成績が良かったのは1つのファンドだけ

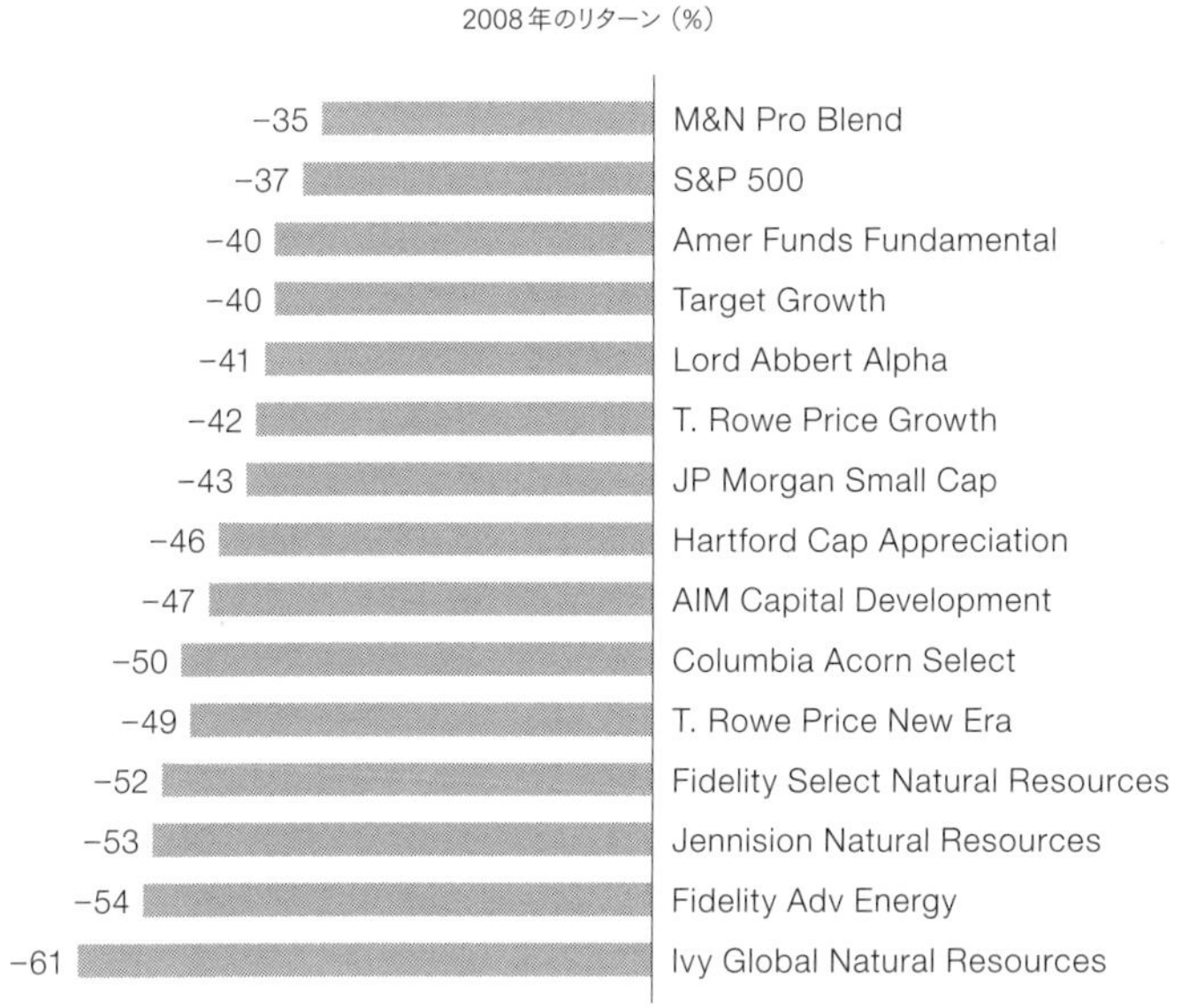

（出所）「ウォールストリート・ジャーナル」2009年1月5日

ン・バフェットの記録がずば抜けている。40年間にわたってバフェットの会社、バークシャー・ハサウェイは全体として株式市場の2倍のリターンを投資家にもたらしてきた。しかし、この記録はマスコミがよく言うように、彼が割安株を買う能力に長けていたからというだけではない。バフェットは株を買い、その株を持ち続けた。バフェットいわく、正しく選ばれた株の保有期間は永遠だ。また、彼は投資先の会社の経営に積極的に関わった。たとえば、彼の初期の成功例のワシントン・ポストのように。そのバフェットもまた、ほとんどの投資家はインデックス・ファンドに投資するのがいいと言う。イェール大学基金の優れたファンド・マネジャーのデイビッド・スウェンセンも同意見だ。

今後40年間に、第2のウォーレン・バフェットが出現する、と思う。ひょっとしたら1人ではなく、何人か出てくるかもしれない。しかし、誰がそうかは今の時点ではわからない。これまでの数字が示すように、過去の成績は将来の指針とはならないからだ。第2のウォーレン・バフェットを探すことは、干草の山の中から1本の針を見つけ出すようなものだ。干草を買うよりも、手数料の安いインデックス・ファンドを買うことをお勧めする。

〈図表4〉アクティブ運用の債券ファンドが国債、社債のインデックスを下回った割合
（2012年6月30日までの10年間）

	国債	社債
短期	100%	99%
中期	100%	97%
長期	80%	91%

（出所）モーニングスター、バークレイズ・キャピタル、バンガード・グループ

▽債券でもインデックス投資に軍配

株式市場でインデックス・ファンドが有利なら、債券市場ではインデックス運用はより有利といえる。自分の資産を一種類の債券だけに（たとえばゼネラル・モーターズだけとか、クライスラーだけとか）投資しようとは思わないだろう。債券を発行するどんな会社でも、経営状態が悪くなり、満期日に返済できない事態が起こりうるからだ。だから債券でも、分散投資が必要だ。債券投資信託が必要な理由だ。そして、債券のインデック

ス・ファンドを使うのが賢いやり方だ。現実にアクティブ運用の債券ファンドよりも、インデックス・ファンドのほうがいつの時点でも成績が良いことが実証されている。図表4はこのことを端的に示している（とくに短期債、中期債において）。

▽グローバルな視野でとらえよう

インデックス運用の有利さは、アメリカ以外の市場でも明らかだ。ほとんどのグローバル株投資のマネジャーは、アメリカを除く先進国株、つまりMSCI EAFEインデックス（ヨーロッパ、オーストラリア、極東）のすべての株を買う、手数料の安いインデックス・ファンドに負けている。より投資効率の悪い新興国市場の株でさえ、インデックス・ファンドはいつもアクティブ運用に勝っている。多くの新興国市場では流通株が不足し、売買の値幅が大きく、売買手数料も高いなどの問題があるため、売買回転率の高いアクティブ運用は勧められない。これまで株価操作がなされた事例の多いいくつかの途上国で、インデックス・ファンドの優位性は揺るがない。

▽お手軽でコストも税金も安い

インデックス・ファンドの大きな強みの1つは、税金面で有利なこと。アクティブ運用ファンドの場合、税制優遇されている退職プラン以外で運用すると、当然課税対象となる。株式売買で利益が出ると、税金を払わなければならない。そして短期の株式売買益については、所得税と地方税を合わせて50％を優に超えることもある。

一方、インデックス・ファンドは長期にわたって保有するので、さし当たって売買益は出ず、課税対象となる収入も出ない。手数料と税金を考えると、アクティブ運用がインデックス・ファンドと同じ投資効果を上げるには、市場よりも年間4・3％も上回るリターンを上げなければならない。☆☆☆ つまり、インデックス・ファンドにアクティブ運用が勝つ可能性は、現実にはゼロだ。

［☆☆☆ウィンダム投資顧問会社のCEOのマーク・クリッツマンの見積もり］

インデックス・ファンドの優位性をまとめてみよう。まず第1に、インデックス・ファンドは単純な仕組みである。何千ものアクティブ運用ファンドを自分で評価して選ぶ必要がない。第2に、インデックス・ファンドはコストが低く、税金も安い。最後に、インデックス・ファンドは今後の予想が立てやすい。市場の株価が下降傾向にあれば、損をする。しかし、多くの投資家同様、投資信託のマネジャーが2000年の初めにIT関連株を売り、2008年には銀行株を投げ売りしたときでも、市場より大きく損をすることはない。インデックス・ファンドに投資をしていても、ゴルフクラブや美容室で「この銘柄を見つけて値上がりした」とか、「このファンドに投資して大儲けした」と自慢できない。そんな理由からインデックス・ファンドは「最も平凡な運用」と呼ばれる。しかし、インデックス・ファンドは、実質的に平均以上を保証する勝者のゲームだ。リターンに大きなコストがかからないからである。

▽いくつかの注意点

しかし、すべてのインデックス・ファンドが同じではない。いくつか注意点を挙げよう。ものによっては、知らないうちに高い手数料を取られていることがある。国内普通株ファンドの場合は年間0・2%のものに限るべきだ。そして、海外株を買うファンドはアメリカ国内のファンドよりコストがかかるので、手数料が最低のインデックス・ファンド投資にとどめておくべきだ。

ETF、すなわち上場投資信託も悪くない。これは主たる証券取引所で取引され、株式同様に簡単に売買できる。ETFはアメリカ株全体と、アメリカ株以外のもの、また国別・産業別のファンドもある。ETFは投資信託と比べいくつか利点がある。多くの場合、インデックス・ファンドより手数料がさらに安い。また、取引所が開いている限り、いつでも買ったり売ったりできる（投資信託のように1日1回終値で、というのではない）。このことから、プロのトレーダーもヘッジ目的（手持ちの売りまたは買いのリスクを減らすため）の売買にいつでも使う。節税という点から見ても、投資信託よりさらに有利である。これを売っても税金はかからないからだ。

しかし、ＩＲＡや４０１（ｋ）といった退職年金口座への定期的な入金を目的とする場合、ＥＴＦは適さない。毎年継続的に行う少額の積み立てに対しては売買手数料が高すぎるからだ。これに対し、ノーロード（手数料ゼロ）のインデックス・ファンドの場合、入金に対してはコストがかからない。そのうえ、投資信託は配当金を自動的に再投資するが、ＥＴＦは、再投資のための手続きが必要となる。このような理由から、毎年少しずつ積み立てる個人年金口座用には、ＥＴＦよりも経費の安いインデックス・ファンドがいい。

インデックス・ファンドについて述べているこの章で、あと2つ、アドバイスをする。まず、多くのインデックス・ファンドの中からどれを選ぶかという問題だ。アメリカの膨大な投資信託やＥＴＦの中で最も有名なのは大企業株を対象としたＳ＆Ｐ５００インデックス・ファンドだが、私たちは中小企業株をも含むラッセル３０００インデックス・ファンドやダウ・ジョーンズ・ウィルシャー５０００インデックス・ファンドを勧めたい。これらの広範囲の株を買うファンドは、「全市場型インデックス・ファンド」といわれている。80年以上にわたる株式市場の実績を見ると、小型株は大型株中心のS&P500より高いリターンを上げている。中小企業は当然、経営状況が大企業と比べて安定せず、倒産の危険性も高いが、平均的に見れば将来大きく成長する可能性も高い。全市場型インデックス・ファンドは、長期の経済成長の恩恵を得るにはより良い方法である。

最後のアドバイスは、これまで述べたような証拠があっても、まだ自分は市場より株をよく知っていると思っている株式ファンへのものだ。第2のグーグルのような成長株を見つけ、ウォーレン・バフェットのようになると意気込んでいるのなら、それ以上何も言わない。あなたが市場に勝つ確率は、競馬やカジノで勝つ確率よりは高く、個別銘柄への投資は大きな楽しみなのであろう。しかし、退職後に備えての大切なお金は、やはりインデックス・ファンドに投資することを勧める。プロのファンド・マネジャーを見習うとよい。資産の大半はインデックスに近い形に分散投資し、そのうえで、いくつか確信の持てる銘柄を加えるという手法だ。しかし、資産の核の部分、とくに退職資金は、株と債券のできるだけ広範囲なインデックス・ファンドに分散投資するといい。安定した老後のための資金をリスクの少ない方法で運用し、余った資金で「マーケット・ゲーム」を楽しめばいいだろう。

▽実を言うと……

完全な人間などいない。私たちも例外ではない。私たちのうちの1人は、ある1つの銘柄に入れ込んでいる——ユニークな会社で、バークシャー・ハサウェイというのだが。35年もの間、この株を持っているが、売る気は今もない。これだけでもあまり賢いやり方とは思えないが、彼は毎日その会社の株価をチェックする！　もちろん、馬鹿げているが——馬鹿げていることは自分でもわかっている。しかし、やめられない。

もう1人は中国の個別銘柄に投資し、中国に入れ込んでいる。成長株となりそうなものを選び、将来孫たちに中国投資のどでかい話ができると信じている。ただ、これだけは言っておきたい。私たち2人とも退職資金は安全なインデックス・ファンドで運用している。私たちの子供たちもインデックス・ファンドで運用している！

III

一に分散、二に分散、三に分散

Diversify

▽自分の身は自分で守ろう

分散投資の必要性を理解するうえで役に立つ悲しい話を紹介する。それは1990年代後半から2000年代前半にかけて、エンロンが最も華やかだった頃、そこで秘書として働いていた女性の物語である。エンロンはコンピューターとマスコミを活用して、市場に革命を起こした時代の寵児だった。メディアは2人のカリスマ的創業者、ケネス・レイとジェフリー・スキリングの技術力と大胆さをもてはやした。ウォール街はエンロンに入れあげた。株価の上がり方は、あたかも重力に反して大気圏を突破し、上昇していくようだった。

多くの大企業と同様に、エンロンは401（k）退職積み立てプランを社員のために用意した。毎月の給料から天引きし、自分に合った積み立てプランを選択するように投資先リストを提供した。その選択肢の1つは自社株を買うというもの。社長のケネス・レイは社員に、エンロン株を買うプランを強く勧めた。エンロンは音楽界に革命を起こしたエルビス・プレスリーのようだった。

その秘書は自分の退職積立金をすべてエンロンに投資するプランを選択した。彼女は自分の選択に満足していた。収入は普通の秘書と変わらなかったが、彼女の退職積立金は300万ドルにも達した。その翌年1年間、彼女は退職後の自由時間を謳歌し、世界旅行もしようと夢心地だった。

実際、彼女は期待以上の「自由時間」を手に入れた。ご存じのように、エンロンは粉飾決算と不正取引の上に成り立っていた。ジェフリー・スキリングは逮捕され、ケネス・レイは裁判を待つ間に死亡した。株価は暴落し、秘書のすべての退職積立金は泡と消えた。彼女は失業しただけでなく、すべての貯蓄を失った。

彼女はすべての貯蓄を集中的に投資するという間違いを犯した。過ちはこれだけではない。自社株への投資は、収入源も貯蓄も勤務先に頼るという二重の意味でリスクを集中させていたのだ。彼女は投資の絶対的大原則の1つを守らなかった。分散投資、分散投資、分散投資。

ジェームズ・ロードスは、サラリーマン生活のほとんどを自動車部品会社で過ごした。車の泥除け、ボンネット、屋根などを作る鋳型を加工する仕事をしていた。退職時、彼と妻はこれまで貯めてきたすべての預金を、安全性を考えてクライスラーの債券に投資した。年間8％という金利も魅力的だった。自動車業界で働く多くの人と同様に、彼らもビッグスリーは景気が最悪になってもつぶれないと信じていた。そして高い金利収入によって、彼らはアメリカの快適な中流生活を過ごしていた――しばらくの間は。

しかし今となっては、ロードス夫妻の自動車産業への信頼と老後に備えた資金は露と消えた。多くの個人投資家はクライスラーとゼネラル・モーターズの倒産で、ほとんどすべてを失った。安全と信じていた債券保有者に利息は支払われず、わずかに残されたものは倒産したこれらの企業の株だった（債券の元本は株式に変更された）。

こういった悲劇は、投資の原則を思い出させる。広く分散投資することが重要なのだ。

エンロン、クライスラー、ゼネラル・モーターズだけが例外ではない。驚くことに、多くの大企業、一見安定していそうな企業がこれまでも数多く倒産している。巨大金融関連企業でさえそうだ。

たとえば銀行ではワコビア銀行、投資銀行ではリーマン・ブラザーズ、保険会社ではＡＩＧなどが倒産し、株の暴落により合併や公的管理に追い込まれた。こうした企業の幹部の多くは、内情をよく知っていたにもかかわらず、全財産を自社株に投資していた結果、職を失っただけでなく、全財産も失った。愛社精神を持ち、「自分の会社」を信じていたからだろう。よく考えれば、大切な老後資金の４０１（ｋ）プランを自分の会社に投資することはありえない。自分の身は自分で守ろう。投資は常に分散投資だ。

自分の身は自分で守ろう。
投資は
常に分散投資だ。

▽株や債券だけでなく市場も分散しよう

分散投資とは、具体的にはどうすればよいのか。株式投資をするとき、1つや2つの企業ではなく、何百にも及ぶさまざまな銘柄に投資をすること。そんなに財産がない人でも、たくさん財産がある人たちでも、成功の秘訣は安いインデックス型の投資信託にある。この投資信託は何千人もの人からお金を集め、何百銘柄もの普通株を買う。ファンドは購入したすべての株の配当を受け取り、決算処理もする。要望に応じて、配当金をファンドへ再投資もできる。

ある種の投資信託は、バイオテクノロジーとか中国株に特化しているものがある。しかし、お勧めは、広範な業種を網羅したさまざまな会社の株を保有する投資信託だ。第V章で、コストが最も安く、広く分散された投資信託を選ぶコツを紹介しよう。

証券の種類、市場にわたって
幅広く分散投資をしよう。
時間分散にも注目。

広く分散された株式銘柄を保有することで、投資家はリスクを軽減できる。何か経済的なできごとが起こっても、すべての会社に同じような影響を与えないからだ。新薬が許可されたという画期的な報道があれば、その薬の開発メーカーの株が急上昇する。逆に、その新薬で時代遅れになった競合製品の会社はダメージを受ける。深刻な不況のときでも、どのような顧客層を持った企業かによって受ける影響は異なる。たとえば、２００９年に人々が財布の紐を締めたとき、ティファニーの売り上げは減ったが、ウォルマートの売り上げは増えた。

株式投資でリスクを減らすために、幅広い業種にわたって数多くの銘柄を保有するように、資産の種類についても分散投資をする必要がある。その１つは債券だ。

債券は企業や政府、政府関係機関などによって発行されている借用証書だ（政府関係機関などの債券は外国債券、州債券、地方自治体の債券などだ。ファニーメイの名前でよく知られている連邦住宅抵当公庫のような政府機関の債券もある）。広く分散投資をする株式投資信託のように、さまざまな債券に分散投資をするファンドに投資する必要がある。

アメリカ政府は巨額の国債を発行している。こういった国債は最も安全な債券と考えられ、必ずしも分散投資の必要性がないと考えられている。会社の業績により配当が上下する普通株と違い、債券は利息が決まっている。アメリカの財務省が発行する期間20年、利率5％の債券に1000ドル投資すれば、20年後に元金が戻るまで毎年50ドルの利息がつく。社債はこれほどの安全性はないが、広く分散投資された社債のポートフォリオは長期にわたって比較的安定した利息をもたらす。

優良な債券投資信託は、株式市場が大きな上昇や下落に見舞われたとき、それを相殺する動きをしてリスクを緩和する。たとえば2008年、深刻な世界的不況が予想されたために、アメリカや多くの国々で株価が急落した。しかし、金融当局が景気刺激策として政策金利を引き下げたので、アメリカ国債の価格は上昇した。もし、金利が上がったり下がったりすることと、債券相場の関係がわからないのであれば、「シーソーのようなもの」と考えればよい。金利が下がれば債券価格は上がり、金利が上がれば債券価格は下がる。

他の種類の資産を持っていれば、同様にリスクを軽減できる。2008年、世界中の株式は同時に暴落した。世界中どこでも同じだ。しかし、多くの場合、ある国で値下がりしても、他の国では上がるということも起こる。たとえば2009年、すべての先進国は不況から抜け出せずにいたが、中国では中部や西方地域を中心に経済成長を続けた。

インフレが進行するときには、不動産や森林、石油といった、いわゆるコモディティへの投資は、製造業の株式よりインフレヘッジの効果がある。そのとき、製造業では素材価格の上昇で製造原価が上がり、利益率が下がるからだ。だから、不動産やコモディティに投資することは、長期的に見れば分散投資として有効だ。金や金鉱会社は、分散投資の選択肢の1つとしてユニークな役割を果たす。世の中が不安定になったり危機に陥ったとき、投資家は金への投資で難を逃れてきた。金はしばしば天変地異に備えるリスクヘッジ手段といわれている。

この本の第Ⅴ章で紹介しているような広範囲のインデックス・ファンドに投資をするなら、直接、不動産やコモディティ（金、石油、穀物などの実物資産）投資から利益を得るのと同じになる。いわゆる「総合株式市場」ファンドは不動産会社やコモディティ商品を含む。こうした幅広く分散されたファンドに投資しておけば、すべてを含むことになる。

▽全市場型のインデックス・ファンド

ヨーロッパやアジアといったアメリカ以外の市場の株式に投資することからも、分散投資のメリットが受けられる。たしかにアメリカが風邪を引くと、他の先進国は肺炎になるという面もあるだろう。２００8年から２００9年にかけての未曾有の大不況は、全世界を席巻した。だからといって、先進諸国の経済活動や株式市場の動きがいつも同じとは限らない。１９９0年代のアメリカが好景気に沸いていた頃、日本経済はその10年間完全に停滞していた。２０００年代になり、米ドルは下がり、ユーロが上昇した結果、ヨーロッパ株は一段と弾みをつけた。国際化によって世界経済は緊密につながってきているが、資産の中に自動車株を持つのなら、デトロイトだけにしぼるべきではない。トヨタやホンダの株も入れたほうが賢明だろう。

普通の人たちにとって、幅広く分散投資をすることは不可能だろうか。そんなことはない。1つのファンドで十分幅広く分散投資しているものがある。私たちはアメリカ全市場型のインデックス・ファンドをお勧めする。このファンドは不動産会社、金鉱会社を含むコモディティにも投資をしている。非アメリカ全市場型株式ファンドは世界中の株式市場を網羅したもので、当然、新興国市場も含んでいる。同様に、全市場型債券ファンドは世界のさまざまな債券を網羅している。もしここで述べた分散投資をしてみたいとお考えなら、第V章で具体的に紹介している。低コストで十分に分散されているもののリストだ。

▽ 間違った時期に全資産をつぎ込む悲劇

最後に、とくに大切な分散投資の原則を伝えたい。それは時間差による分散投資だ。すべての資産の投資を1つの時期に集中してはならない。さもなければ、市場がピークだった2000年代の初めに、株式に全財産をつぎ込むという悲惨な結果を招くことになったかもしれないからだ。

この時期に全財産をつぎ込んだら、その後10年間はマイナスのリターンを経験するはめになったはずだ。1970年代も同様にひどいものだった。著者の1人の父親のように、1929年のバブルのピークにすべてをつぎ込むと、その後20年以上立ち直れない。

時間をかけて、こつこつと定期的に投資をすれば、リスクを抑えることができる。一定金額を毎月、または3カ月ごとに定期的に投資をすると、確実に株価が安い好条件のときに自分の資金を投資に回せる。投資アドバイザーはこのテクニックをドル・コスト平均法（定期定額投資）と呼ぶ。この方法で長期にわたって投資をすると、株価の高いときは少ししか買えないが、株価が低いとたくさん買える。リスクがなくなるわけではないが、一時的な値上がりのときに全資産を投入するという悲劇は防げる。間違った時期にすべての財産を株に投入すると、一生涯、株式投資を避けることになり、ダメージはさらに大きくなる。

ドル・コスト平均法は、毎年確実に株価が上がる局面よりも、株価が上昇と下降を繰り返すときにより効果がある。５年間、１０００ドルずつ全市場型インデックス株式ファンドに投資したとしよう。この場合、２つのシナリオが考えられる。１つめのシナリオは、株式市場が不安定で、投資を始めてすぐに株価が急落し、５年後にちょうど始めたときの価格に戻した場合。もう１つのシナリオは、投資を始めてから株価は毎年上がり続けた場合。はたして、どちらの場合が利益を多く得られるか少し考えてみよう。みなさんは株価が毎年確実に上がっていったときのほうが利益が多いと思っているのではないだろうか。では、数字を見てみよう。

図表5は、毎年１０００ドルずつ投資した結果を表したものだ。投資額は両者ともに５０００ドルだが、最初のケースでは、不安定な時期に投資をした人が5年後に得る額は６０４８ドル――１０４８ドルもの利益を上げた――終わったときの株価は始めたときとちょうど同じであるにもかかわらず。一方、毎年株価が順調に値上がりし、終わったときには40％も値上がりをしていたが、その人が得る額は５９１５ドルとなる。

ウォーレン・バフェットは、このような投資原理を明快な論理で説明している。

〈**図表5**〉毎年1000ドルずつ投資した際のケーススタディー

（単位：ドル）

年	相場が大きく上下にふれ、最後に元の価格に戻るケース			市場が継続的に上昇するケース		
	投資金額	インデックス・ファンドの価格	購入ファンド数	投資金額	インデックス・ファンドの価格	購入ファンド数
1	1,000	100	10	1,000	100	10
2	1,000	60	16.67	1,000	110	9.09
3	1,000	60	16.67	1,000	120	8.33
4	1,000	140	7.14	1,000	130	7.69
5	1,000	100	10	1,000	140	7.14
投資額合計	5,000			5,000		
購入ファンド数			60.48			42.25
購入ファンドの平均コスト		82.67	(5,000/60.48)		118.34	(5,000/42.25)
5年後の資産額		6,048	(60.48×100)		5,915	(42.25×140)

（出所）モーニングスター、バークレイズ・キャピタル、バンガード・グループ

簡単なクイズ：あなたは牛を飼っているわけではないが、もしハンバーガーを一生食べたいなら、牛肉の値段は安いほうがいいか、高いほうがいいか？

同様のクイズ：あなたが自動車メーカーに勤めているのではないとして、何年かに1回、車を買おうと思うなら、車の価格は安いほうがいいか、高いほうがいいか？　答えは明らかだ。

最後のクイズ：あなたが今後5年間で本当に利益を上げたいなら、その間、株価は高いほうがいいか、低いほうがいいか？　多くの人たちは、このことをよく理解していない。今後ずっと株を買っていこうと思っているにもかかわらず、株価が上がると元気になり、下がると落ち込む。実際には、ハンバーガーの値段が上がると喜んですぐに買うようなものだ。このような行動は馬鹿げている。近々売ろうと思っている人なら、株価の値上がりを喜んでよいのだが、これから株を買おうと思っている人は株の値下がりを喜ぶべきだ。

しかし、ドル・コスト平均法は、株式投資のリスクを抑える万全の解決策とはいえない。株式相場が暴落したとき、たとえば2008年のようなとき、401（k）プランの投資価値を守ることはできない。どんなプランでも大不況からは逃れることはできない。景気の先行きが真っ暗闇だとしても、定期的に投資を続けるために現金と自信を持ち続けなければならない。経済ニュースを見るのがどんなに怖くても、楽観的兆候がまったく見当たらなくても、このドル・コスト平均法による投資を途中で投げ出してはならない。もし途中で投げ出せば、株価が急落したときに株を買うという恩恵を失うからだ。

この投資法は特典を与えてくれる。つまり、資産の平均取得価格をこれまでよりも引き下げるということ。なぜなら、価格が低いときには多くの株式が買え、高いときには少ししか買えないからだ。

投資アドバイザーの中にはこの方法を勧めない人もいる。というのは、株式市場が上昇を続ける場面では機能しないからだ（最初に5000ドルすべてをつぎ込んだほうが、投資効果は高い）。しかし、ドル・コスト平均法は株が値下がりしたときに備えた保険のようなもの。2000年3月や2007年10月といったピーク時に、多額の資金をつぎ込んでしまうような悲劇を避けるためには役に立つ。

▽リバランスでリスクを軽減する

リバランスとは、プロのファンド・マネジャーが使うテクニックで、資産がしっかりと分散されているかどうかを確認する作業だ。複雑なことではない。個人の投資家も資産のリバランスをすべきだ。時間が経つにつれて、それぞれの資産価格は上がったり下がったりする。たとえば株式を資産全体の5割と決めていても、株価が上昇した結果、6割になるかもしれない。リバランスというのは、自分の資産の配分比率を定期的にチェックすることだ。望ましいと思う資産配分から外れているなら、元に戻すことだ。リバランスをすると、投資資産のリスクを軽減し、多くの場合、リターンは増加する。

例を挙げてみよう。自分の年齢を考えて、安心できる資産配分は株式60%、債券40%と決めたとしよう。退職に備える資金を増やしていくとき、新規の資金の60%は株式に、40%は債券に投資をする。

債券と株式の値動きは、やがて資産配分にも影響を及ぼす。ちょっとした変化の範囲内（プラスマイナス10％）なら無視してよいだろう。しかし、もし、株が短期間で2倍の値上がりとなり、債券の値段は変わらないとしたら、どうするか。この時点で、自分の資産の4分の3は株が占め、4分の1が債券となっていることに突然気づくだろう。このままでは、自分で決めた資産配分に対応するリスク水準から外れてしまう。反対に、2008年のように株が急落し、債券価格が上がった場合、あなたならどうするだろうか。

正解は、資産比率を本来のものに戻す行動をとることだ。これが私たちの言うところの「リバランス」である。自分が最善と思った資産配分比率からかけ離れたものを、そのままにしておかないこと。株式の比率が高くなりすぎたときには、新規資金や配当金を株式に回さずに債券に投資するということ（資産配分が望ましい状況から大きく外れているときは、所有株式の一部を売却して債券投資に振り向ける）。債券投資の比率が過大になった場合は、その資金を株へと移動させる。

配分された資産の1つが暴落しても、決して慌てたり売ったりしてはいけない。むしろ長期保有すると強く決意し、買い増す精神力を持たなければならない。次の

〈図表6〉リバランスの重要性

ポートフォリオ：[a] 株式に60%投資 債券に40%投資を前提	年平均リターン	リスク (変動性)[b]
毎年リバランスした場合	8.46%	9.28
リバランスしなかった場合	8.08%	10.05

a 株式はラッセル3000株式インデックス・ファンドで、
債券はリーマンUSインデックス・ファンドで運用したものと仮定。
b 変動率（標準偏差）

ことを覚えておくとよい。もし本当に長期投資をしようと思うなら、価格は下がれば下がるほど買うチャンスだ。相場が急落すると、「もっと損をするかもしれない」という不安に駆られるだろう。しかし、下げ相場に辛抱強く資産配分を見直し続ければ、長い目で見て、十分なリターンを得ることができる。

市場がとくに不安定で、アップ・ダウンを繰り返す局面では、リバランスは明らかにリターンを高め、同時に、資産価格の変動を抑えることでリスクも低下させる。

1996年から2005年にかけての10年はその好例である。ある投資家が資産配分を株式で60%、債券で40%にしたとしよう。株はアメリカ全市場型インデックス・ファンド、債券も同様に全市場型インデックス・ファンドを用いてリバランスのメリットを説明しよう。図表6は、四半期ごとのリターンの変動率で見て、リバランスをするといかにリスクが減少し、リターンが増加するかを示している。

　株式と債券を60対40の割合で投資を始め、10年間そのまま持ち続けていたとすると、平均リターンは年率8・08％となる。一方、もし60対40の割合を保持するように毎年リバランスしたら、年率8・50％近くになる。そのうえ、四半期ごとのリターンの安定性も確保され、枕を高くして眠ることができる。

　1996年1月から2005年12月の10年間、毎年リバランスをした資産のほうが、リスクは低下し、リターンは上昇している。


　なぜ、リバランスはそんなにうまく働くのだろうか？　毎年1月の初めに、リバランスをする人がいたとする（あまり頻繁にリバランスをしてはならない。年1回でよい）。2000年の1月、熱狂的なインターネット相場が頂点に達し、株式の資産割合は60％をはるかに超えた。そこで、株はある程度売り、その資金は、配分比率が上昇したために値を下げた債券につぎ込んだ。その人はそのとき株価がピークであるとは知らない（実際のピークは２０００年３月）。しかし、株が高値で売れたことで、株の比率を下げることができた。

リバランスを２００３年の１月に行う場合は、状況はまた違ってくる。株式相場は低迷を続けていた（株価の大底は２００２年10月である）。そして、連邦準備制度理事会が金利を引き下げたために、債券価格は上昇していった。そこで、資産から債券を取り崩して、株を買う。結果的には大成功であった。

リバランスをしたからといって、いつもリターンが増えるわけではない。しかし、リバランスによりリスクを減らせ、自分のニーズと性格に合った資産配分比率を維持することができる。

リバランスをすれば、
必ずリターンが増えるというものではない。
しかし、資産配分のリバランスをすることによって、
必ずリスクを減らすことができ、

自分のニーズと性格に合った資産配分比率をキープできる。

年齢が上がるにつれて、自分の資産の配分比率を変えたいと思うこともあるだろう。多くの人は退職が近づくにつれ、より保守的な運用方法をとる傾向がある。すなわち、株式の比率を減らし、株価が上がったり下がったりするのを見るストレスを減らす。

Ⅳ

大きな失敗を避けよう

Avoid Blunders

▽なぜバフェットは大きな失敗を避けられたのか？

長期投資で成功するために最も重要なことは、自分自身の判断だ。株式市場やマクロ経済の環境ではない。

著者はともに80代だ。アメリカ人が大好きなウォーレン・バフェットも80代後半だ。彼の輝かしい大成功と私たちのそれなりの成功との違いを生んだのは、株式市場や経済状況が違ったからではない。オマハ出身のウォーレン・バフェットが特別なのだ。彼は、プロであろうとアマチュアであろうと、世界中のどの投資家とも比べものにならないほど優れている。明晰な頭脳を持ち、いつも理性的で、経営に対して造詣が深く、より良い投資をすることを絶えず考え、努力を惜しまず、なおかつ冷静である。

バフェットの成功の主な理由の1つは、大失敗を上手に逃れてきたことだ。2つの例を見てみよう。2000年代の初め、バフェットの腕は鈍ったと誰しもが思った。彼の会社バークシャー・ハサウェイのポートフォリオは、ハイテクやインターネット関連銘柄を多く組み入れた人気ファンドに大きく水をあけられていた。

バフェットはハイテク株をまったく買わなかった。バフェットは顧客に、自分がよく理解していない分野の会社の株を買えないと説明していた。複雑で急速に変わる技術関連の業界を理解しているとも言わなかった。その分野の利益上昇トレンドが続くかどうか疑問だとした。ある人たちは、バフェットはもう過去の人で、時代遅れだと噂した。しかし、ＩＴ関連株が暴落したとき、笑ったのはバフェットだった。

2005年から2006年にかけて、機関投資家の間で、複雑な不動産担保証券とデリバティブが人気になったが、それにもバフェットは手を出さなかった。バフェットの考えは、不動産担保証券とデリバティブはあまりにも複雑で、不透明なところが多すぎる。彼はこの商品を「金融の大量破壊兵器」と名づけた。実際、2007年になると、これらの商品で多くの金融会社が倒産した（そして、私たちの金融制度全体に損害を与えた）。バークシャー・ハサウェイは最悪の事態を免れた。

最悪の事態を避けること。必要もないリスクをとることで発生するトラブルを避けることは、投資での成功の秘訣だ。多くの投資家は自分で引き起こした、しかもまったく必要のない重大なミスによって大損害をこうむる。この章では、自分の目標達成を妨げる、よくある投資判断ミスに焦点を当てて話そう。

仕事でもスポーツでも
人間が何かを成し遂げようとするときに
成功の鍵となるのは、
忍耐力、努力の継続、そして
ミスを最小限にとどめること。

仕事でもスポーツでも、人間が何かを成し遂げようとするとき、成功の鍵は忍耐力、努力の継続、そしてミスを最小限にとどめること。車の運転では大事故を起こさないこと、テニスで重要なことはボールを的確に打ち返すこと。投資においてはインデックスで投資をすること。多くの人がこうむっている多額の経費やミスを避けるためだ。

▽自信過剰ほど怖いものはない

最近、行動心理学者とエコノミストは、行動ファイナンスという重要な新しい研究分野を作り出した。人間はいつも合理的に行動するわけではない。この分野の研究者によると、投資においてもしばしば理屈に合わない行動をする、という研究結果が出ている。私たちはとかく自分の考えに自信を持ちすぎたり、思い込みすぎたり、群衆心理に走る傾向がある。このことを知っておいたほうがよい。

著者たちが関わってきたイェール大学とプリンストン大学では、心理学者はしばしば学生に、クラスメートと比べて自分の能力をどう思うかというアンケートをとる。たとえば、次のような質問をする。「あなたはクラスメートと比べて運転は上手なほうか？」。圧倒的多数の答えは、自分はクラスのみんなと比べて平均以上だというものだ。優劣がはっきりしている身体能力に対する質問でも、学生は平均以上の能力があると答えている。ダンス、資源保護活動、友人として、などなど、あらゆる分野で同様の傾向が見られる。

これは投資においてもあてはまる。投資がうまくいくと、単に運が良かっただけなのに、自分の投資技術が優れていたのだと思ってしまう。2000年代の初め、保有するIT関連株が2倍になり、それがまた2倍になった頃、自分は投資の天才だと勘違いしてもおかしくなかった。自信過剰による大失敗を避ける第一歩は、自分の能力を過信していることを自覚すること。アマチュアのテニスでは、確実にボールを返せば勝てる。同様に、低コストのインデックス・ファンドで分散投資した資産を、良いときも悪いときも長期間保有する投資家が、長期的な目標を達成できる。

資産運用に携わる人は市場予測に振り回されてはならない。世間で「専門家」と思われている人の予想であっても、あてずっぽうと大して変わらない。JPモルガンの創業者、モルガンは「株は今後どうなるか?」と尋ねられたとき、「変動する」と答えている。まったくそのとおりだ。その他すべての予想は——たいていは株式市場の大まかな方向を予想するものだが——当たっていたのが5割で、間違っていたのが5割、というのがこれまでの結果だ。コインを投げて表が出るか裏が出るかの賭けに、大金をつぎ込むようなことはしないだろう。ならば、株式市場の相場見通しに基づいて売買しようと考えてはいけない。

なぜか。実証データに基づいて、多くの「実体経済」指標を予想することはそれなりの意味がある。天気予報もそうだ。株式相場の予想はその何倍も難しい。まず当たらない。なぜなら市場は、すでに膨大な情報を持つ投資家がそれに基づき最善と思える予想を立て、実際にお金を動かした結果だからだ。株価の動きを予想することは、他の投資家が全力を尽くして今立てている予想が、いかに変化するかを言い当てることだ。

ということは、予想が当たるということはすなわち、現在の市場のコンセンサス(市場参加者全体の共通判断)が間違っていなければならないということで、さらにコンセンサスがどちらの方向に行くのかを決めなければならない。上がるのか下がるのか。

1つ警告する。人間本来の性格として、誰もが将来どのようになるかを聞きたい。占星術師や占い師は、ずっと予言をしてきた。ちょっとした言い伝えや経験則が何世紀にもわたって生活の一部になっている。みんな弱い人間である。ビルに13階は存在しない。はしごの下を歩くのは避ける。歩道の亀裂の上は避けて通る。「ケ・セラ・セラ」は音楽としては魅力的だが、本当の満足感は得られない。

カリフォルニア大学バークレイ校（当時）のフィリップ・テトロック教授は、専門家の経済予測が当たる確率について、長期にわたり大がかりな調査を行った。25年間に300人の専門家が行った8万2000の予測を検証した。その結論では、専門家の予想はサイコロを振って決めるよりは、かろうじてマシという。皮肉なことに、有名なエコノミストほど、予想は当たっていない。

では、投資家として、あなたは市場予測――株式市場の今後の動向、金利の予想、マクロ経済の予測など――と、どのように付き合っていくべきか。

答え：予測は考えに入れないこと。予測をしなければ、時間の節約になり、無用な心配をしないですみ、お金もかからない。

投資家として、あなたは市場予測——株式市場の今後の動向、金利の予想、マクロ経済の予測など——と、どのように付き合っていくべきか?
答え：予測は考えに入れないことだ。予測をしなければ、時間の節約になり、無用な心配をしないですみ、お金もかからない。

▽ミスター・マーケットに注意!

人は数字で示されると、安心してしまう。景気が良いと、投資家はどんどん楽観的になり、知らず知らずリスクをとり、そして幸せな気持ちになる。こうして、バブルは膨らむ。しかし、仲間内で話題になったり、メディアに持ち上げられた投資家のほとんどは失敗する。

これまでにも、バブルが崩壊して全財産を失った人の悲劇は多い。1630年代のオランダでのチューリップ・バブル、1980年代の日本での不動産バブル、1990年代末のアメリカのインターネット・バブルには多くの人たちが群がった。「今回はバブルではない」と信じて——そして悲惨な運命をたどる。バスに乗り遅れないようにという気持ちが次々と伝染していくのだが、その結果、リスクをとりすぎてしまう。バブルが破裂すれば、投資家はパニックに陥り、ほとんど底値で売り払ってしまう。

こうした過去の教訓は、大多数の投資家と同じ行動をとるのは避けるべきだということ。市場が自信過剰になったり、絶望したりという、その場その場の雰囲気に惑わされないこと。「ミスター・マーケット」はいつも気まぐれだ。

投資家が注目すべき2つの相反する不思議なキャラクターについて初めて言及したのは、証券分析の草分けのベンジャミン・グレアムだ。✡ キャラクターの1人がミ

✡ベンジャミン・グレアム、ジェイソン・ツバイク著『新　賢明なる投資家』パンローリング（*The Intelligent Investor*, Harper Business, 2003）

スター・マーケットで、もう1人がミスター・バリューだ。ミスター・バリューは私たちが必要とするものを発明し、製造・販売し、サービスを提供する。単調で、退屈な仕事だが、ミスター・バリューは来る日も来る日も、複雑な経済社会における何百万もの重要な機能がうまく回るように、昼夜を問わずまじめに働く。ミスター・バリューは経済的なニーズを満たすために最善を尽くす。彼が常に冷静で信頼できることをみなはよく知っている。

ミスター・バリューがまじめに働く一方、ミスター・マーケットは楽しく暮らす。ミスター・マーケットは2つの策略を考える。1つは、私たちの手持ちの株やファンドをなるべく安値で売らせようというもの。もう1つは、株やファンドをできるだけ高値で買わせようというものだ。ミスター・マーケットは、不利なタイミングで株を売ったり買ったりするように罠をしかける。彼は罠をしかけるのが実にうまい。ときには怖がらせ、ちょっと魅力的に見せたりもする。ときにはこれしかないと思わせたり、これはまったく駄目だと思わせたりする。

しかし、愛想がいいこの悪党の目的は、たった1つ——みんなに何か行動を起こさせること。すなわち売るか買うか、とにかく変化を引き出すことだ。そして罠をしかける。つられて売りや買いに出れば、ミスター・マーケットは高笑いする。

ミスター・マーケットと付き合うと出費がかさむ。取引にかかる費用は、わずかなものだ。出費の大部分は、ミスター・マーケットがしかけた悪巧みによる失敗が原因だ。高値で買い、安値で売るからだ。この悪党の成功の記録を見てみよう。どれだけ投資家全体に損害を与えたかという記録がある。

図表7は、株式投資信託へ流れた資金と株式相場の動きを重ね合わせたものだ。グラフを見れば一目瞭然、株価が高いときに資金が投信に流れている。投資家は最悪の時期に株式投資信託に投資している。

たとえば1999年の第1四半期、株式投資信託に史上最大規模の資金が流入した――ちょうど最高値のとき。しかも、それまでの期間を通じての最高値だ。市場に流れ込んだ資金のほとんどは、ハイテク株やインターネット・ファンドに向かった――結果から見ると最も割高だったときで、その後すぐ起きた下げ相場で最も値下がりすることになる。

2002年の第3四半期には、これまでにない多額の資金が流出した――ちょうど市場が最悪の時期に。2007年から2008年にかけての金融危機にも、株式

〈図表7〉株式投信への資金流入は相場の後を追う

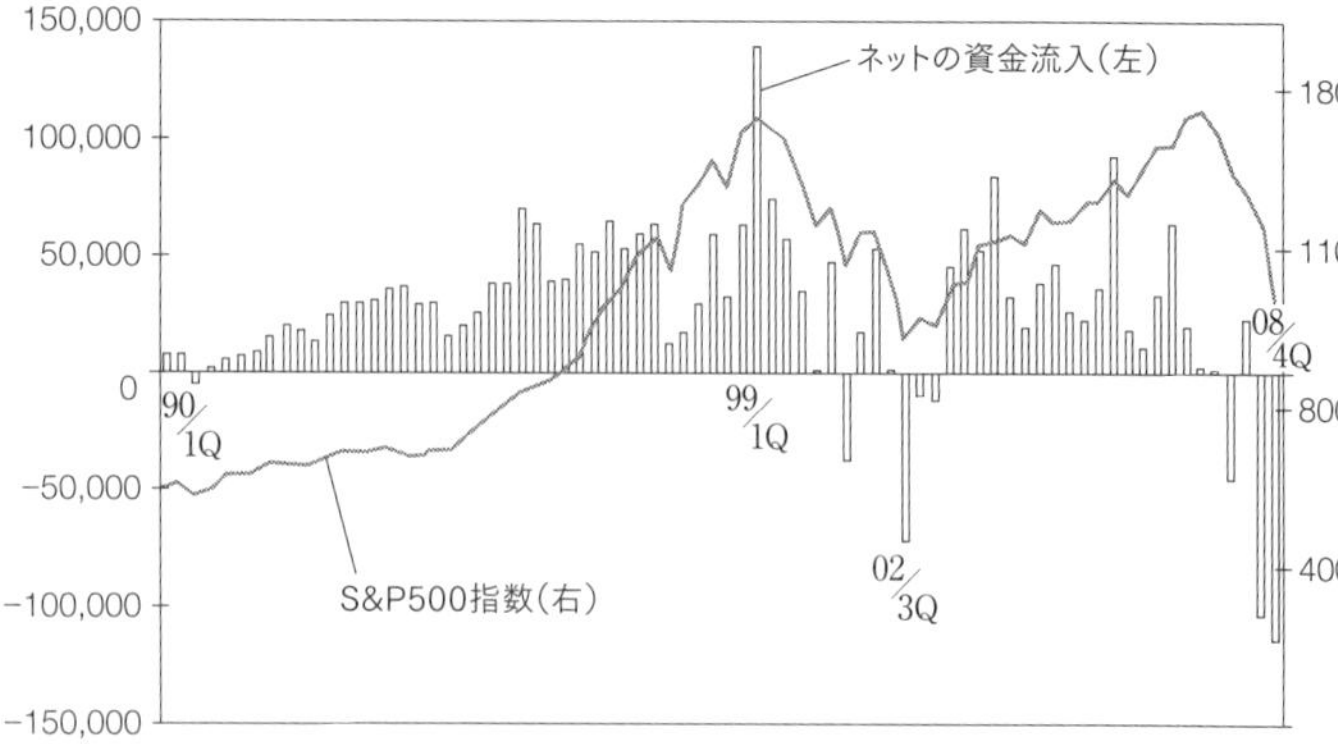

(出所)バンガード・グループ

投資信託のネットの売り越し額は新記録を達成した――値下がり幅も新記録。これはまた大底からの回復としては最初の、そして多くの場合、最大幅の相場回復の直前だった。

本当に大事なことは、今日や来月や来年の株価ではない。退職してから必要なお金を準備するために株を売るとき、その価格が問題となる。多くの人たちにとって、退職は遠い将来のことかもしれない。みんなが悲観的になり株価が下がるときは、保有株を売却したり、投資をやめたりするには最悪の時期なのだ。いうまでもなく、買うべストのタイミングは株が格安になっているときだ。

投資はティーンエージャーの子供を育てるようなもの。子供が大人へと成長していく過程こそ「興味深い」ものだ。経験のある親は、長期的観点から育てるべきだと知っている。毎日のドタバタに振り回されないように。これは投資にもあてはまる。ミスター・マーケットがあなたを大胆にさせたり、落ち込ませたりしようとする、その計略に乗ってはいけない。天候が極端に荒れたとき、みなさんは行動しようという気分になるだろうか。昔の格言を思い出してほしい。「嵐はいずれ過ぎ去る」

1万マイルも離れているところが、寒くても雨が降っていても、暖かくて天気が良くても、自分には関係がない。自分の今いる場所の天気ではないのだから。同じように、退職するまで自分の401(k)投資に対して超然とした気持ちを持ち続けよう。今60歳で、今後25年生きるとして――配偶者はそれ以上に長生きするかもしれないが、その間に状況は必ず変わる。

▽多くのファンドが天井で買って底で売っている

タイミングを見誤ること、つまり相場見通しに賭けて失敗してこうむる損失は、大きいのだろうか。たしかに大きい。株式市場の平均リターンを見ると、長期的には9・5%ある。しかし、このリターンは、あくまで株を長期保有し、どんなことがあろうとも持ち続けたときに得られる平均リターンなのだ。平均的投資家のリターンは、この数字よりなんと2ポイント、およそ4分の1も下回る。このリターンの低さは、一般的に投資家が最高値に近いところで買い、最安値に近いところで売るという傾向があるからだ。

タイミングを見誤ることによる損失に加えて、銘柄選択による損失もある。1999年末と2000年の初めに株式投資信託を買った場合、ほとんどのファンドはリスクの高いものだった。ハイテク株やインターネット株に投資していたからだ。株価が割安で高配当の株を組み入れる地味な割安株ファンドからは、大量の資金流出が起こった。不況になると、割安株ファンドは人気となり、逆に「成長株」

ファンドは大きく売られる。こうした動きがもとで、投資家の実際のリターンと市場全体のリターンの差が、先ほど述べた2％以上に開く。

もちろん、希望もある。ミスター・マーケットを無視する限り、実害はない。大切なことは、ミスター・マーケットがしかけたり、だましたりすることは、実は自分自身の失敗によるものだと自覚することだ。ミスター・マーケットのもたらす損害から身を守る一番の方法は、ミスター・マーケットを無視すること。のちに述べるように、広範囲のインデックス・ファンドを買って持ち続ければよい。

▽ サンタクロース相場の錯覚

心理学者によれば、人は何かが起こったときに、自分できちんと対処できると思い込む傾向があるという。実際には何もできないにもかかわらず。このような錯覚が原因で、投資家は見込みのない株を過大評価する。また、何も根拠がないのに、今はこういう時期だと空想し、株価チャートを見てあるパターンにあてはめ、将来の株価を想像する。

チャートを見て将来の株価を予想するのは、星占いのようなもの。株価の動きは、いわゆるランダム・ウォークといわれ、まったく法則性がない。これまでの動きから今後の株価を予想するのは危険極まりない。

株価の「季節パターン」も同じだ。それまで何十年も、ある季節パターンが見られたとしても。たとえば、クリスマスから正月にかけての、サンタクロース相場というのがよく知られている。

だが、このパターンは見つかっても、すぐになくなる。仮に、このパターンがあるとすれば、その利益にあずかろうとして、多くの投資家はクリスマスの前日に株を買い、大晦日の前日に株を売るようになるだろう。そうなると、他人よりももう一歩先を走らなければならない。クリスマスの2日前に買い、大晦日の2日前に売る。こうして、クリスマスよりもかなり前に多くの買いが入り、売りはクリスマス前後ということになっていく。クリスマス相場は消えてしまうというわけだ。これこそ新たな株の売買「パターン」だと思うものがあったとしても、そのパターンを利用して儲けようと思う人たちがいる限り、長続きはしない。

心理学者によると、投資家は儲かって喜ぶよりも、損をして落ち込むほうを嫌うらしい。同じ金額なら、喜びよりも落胆の度合いのほうがはるかに深刻ということだ。たとえば現金が必要になったとする。なぜか人は値上がりした株を売りがちだ。値下がり株には手をつけない。というのも、人は自分が失敗したと思いたくないし、ましてやそれを認めたくない。値上がり株を売ることで成功を確認し、値下がり株は今後値上がりすると信じて失敗を認めない。

しかし、次のことは覚えておくといい。値上がりした株を売れば、キャピタル・ゲインに対する税金を払う。一方、値下がり株を売ると、税控除が受けられる。ということは、どうしても売らなければならないときには、値下がりしたものを売るべきだ。少なくとも税制上は有利だ。

▽ リターンを確実に増やす1つの原則

投資リターンを確実に増やす1つの原則がある。それは、いうまでもなく投資コストを最小限に抑えること。私たち2人はずっと、毎年継続的に最高の成績を上げられるのはどの投資信託のファンド・マネジャーか、ということを考えてきた。その結論は、これまでも、そしてこれからも、そんなマネジャーなどいない、ということだ。

投資リターンを確実に増やす1つの原則は、投資コストを最小限にすること。

過去の成績が良いからといって、必ずしもそのファンドの将来のリターンが良いとは限らないからだ。将来のリターンを決めるのはファンド・マネジャーだ。ファンド・マネジャーの手数料が高ければ、あなたの投資リターンは低くなる。私たちの友人、ジャック・ボーグルは次のように語る。投資では「余計なものにお金を使わなければ、リターンは確実に良くなる」。

この主張を簡単な表を用いて証明しよう。過去10年にわたり、株式投資信託の成績を見て、リターンとかかったすべてのコストを計算する。そのコストには、ポー

〈図表8〉株式ファンドにおけるコストとリターンの関係
（2002年12月31日〜2011年12月31日）

（全ファンドをコストの低い順に4等分した結果）

	年間リターン	経費率	ポートフォリオの回転率
低コストの上位1/4グループ	5.97%	0.64%	51.4%
4つに分けたグループの上から2番目	5.95%	1.08%	68.9%
4つに分けたグループの上から3番目	5.76%	1.42%	70.6%
高コストの上位1/4グループ	5.06%	2.09%	84.3%

（出所）リッパー、ボーグル・ファイナンシャル・リサーチ・センター

トフォリオの中に本当は含まれるコスト——その投資信託が運用に際して株を売買するときに発生する目に見えないコストも含める。すると、コストが一番低いファンドが最も高いリターンを得たことがわかる。

まず、コストが低い順に全ファンドを4等分する。そして、グループごとの平均リターンを計算する。図表8はその結果を示す。

もし株式投資信託で良い成果を上げたいなら、コストの安いものを選ぶとよい。もちろん、コストの安い典型的なファンドは、この本の中で私たちが取り上げてきたインデックス・ファン

ドだ。銘柄を頻繁に売買するファンドは税金が高くなり、税引き後では、インデックス・ファンドはよりいっそう有利だ。

コストを最小限にすることと並んで大事なことは、証券会社の営業員にも気をつけること。営業員にとって一番大切なことは何か。それは自分のボーナスだ。だから営業員は、これまでのような行動をとり続ける。彼らの本当の仕事は、あなたのために働くことではなく、あなたからお金を稼ぐことだ。もちろん、こういった営業の人は人当たりも良く、とてもいい人に思える。それは人当たりが良ければ、彼らが儲かるからだ。だから、絶対に間違ってはならない。営業員は所詮、営業員だ。

一般に証券会社の営業員は1人で75人程度の顧客を担当し、その投資残高は合計4000万ドルほど（あなたの友人が何人いて、その友人とどのくらい頻繁に会うか考えるとよくわかる）。会社とその営業員との契約しだいだが、一般にあなたが払う手数料の40％は営業員の懐に入る。ということは、その営業員が10万ドルの収入を得たいなら、25万ドルの手数料を顧客に払ってもらわなくてはならない。20万ドルの収入を得たいときには、50万ドルの手数料が必要となる。

このようにして、あなたのお金はあなたの懐から彼の懐へと流れていく。営業員と〝友だち〟になると高くつく、という理由はここにある。ミスター・マーケットと同じように、営業員の目的はただ1つ。とにかくあなたに売買をさせること。

私たちはあなたに頻繁に株を売買してほしくない。ポーカーでカードを受け取ったらすぐに捨てるのと同じように、あっちの株を買ったかと思うとすぐに売り払い、またこっちの株を買う、という行動をとってはいけない。手数料がかさむだけだ。

投資信託についても同じだ。頻繁に乗り換えてはならない（手数料だけでなく、おそらく税金もかさむ）。個人投資家は個別の株を買うべきではないし、アクティブ運用の投資信託も買うべきではない。手数料の安いインデックス・ファンドを買って持ち続けるのがいい。そうすれば、平均以上のリターンが得られるだろう。コストが安いから。

V

私たちが勧める KISSポートフォリオ

Keei It Simple

複雑な宇宙の神秘を解き明かそうとしたアルベルト・アインシュタインは、20世紀の偉大な科学者だが、彼は次のように述べている。「すべてはできるだけシンプルに、しかしシンプルすぎてはいけない」。私たちも同感だ。

昨今の複雑な経済状況をめぐって、新聞、雑誌には膨大な情報があふれている。また、金融市場や投資の世界は恐ろしいほど複雑になっている。さまざまな新商品を開発し、投資家に売り込もうとする人々もいる（そういった商品は彼らがとても儲かるから）が、投資においてシンプルな方針を貫けば自分を守ることができる。

この章では、損をしないために何をすればよいのかを、わかりやすく、シンプルなルールを用いてお教えする。読者のみなさんの中には込み入った経済状況にある方もいるかもしれないが、私たちのルールはほとんどの人に有効だと思う。ここでお話しするポートフォリオは、少なくとも9割方の個人投資家の役に立つだろう。少数の人にしかあてはまらない特殊な状況下での対応といった、細かいことは意図的に省いた☆。

まず長期運用を成功させるための簡単なルールについて述べる。あなたとご家族のためにＫＩＳＳ（Keep It Simple, Sweetheartの略）ポートフォリオを紹介しよう。そのルールとお勧めのポートフォリオには、すべての投資家に役立つ貴重なアドバイスが含まれている。

> ＫＩＳＳポートフォリオは少なく見積もっても、９割方の個人投資家の役に立つ。

▽ ９つの基本ルール

これから述べることは、基本ルールを簡潔に書いたものだ。そのほとんどは、これより前の章で説明してきた。

❶ お金は若いうちから定期的に貯めよう

堅実な暮らしをし、退職後も憂いなく暮らすために重要なことは、若いうちから節約に努め、一定額をこつこつと貯めていくことだ。財産を築くのに簡単な方法はない。裕福になるための秘訣なんてない。裕福になるための唯一の方法は――遺産をもらうとか、金持ちと結婚するとか、宝くじが当たるということでもない限り――少しずつ貯めていくだけだ。できるだけ若いうちから貯蓄を始め、それをできるだけ長期間続けるしかない。

❷ 会社と国に資産形成を手伝ってもらおう

多くの人が会社の401（k）または403（b）退職プランを利用していな

☆経済状況や税務がとくに複雑な場合には、税理士やファイナンシャル・アドバイザーなど有料の専門家に相談したほうがいい。相談が無料の証券会社のアドバイスに頼ると、高コストの商品を売りつけられるなど、かえって高くつく。

いことに、私たちは驚いている。残念なことに、多くの人たちがこのプランに参加すらしていない。会社は社員が貯めた額と同額を拠出して支援してくれるというのに。個人の貯蓄への国の支援も多い。退職後にお金が必要になり、その貯めたお金を引き出すときまで、こうしたプランにはずっと税金がかからないという支援だ。

❸ 不時の出費に備えて、現金は用意しておこう

保険会社の広告にあるように、人生にはいろいろなことが起こる。ご存じのように、ときどき「突然の出費」があり、それに備えてすぐに出せるお金は、別にとっておく必要がある。こういったお金は安全第一で、流動性が大切だから、短期で質の高い金融商品に投資するといい。どのくらいとっておくかは、あなたしだいだ。

多くのファイナンシャル・プランナーによると、定期的な収入のなくなる退職時、生活費として少なくとも6カ月分はとっておくのがよいとしている。高いリターンを求めてむやみにリスクの高いものに投資をすべきではない。一方、どん

な金融商品に投資するときでも同じだが、コストはできるだけかからないものにすべきだ。投資において自信を持って言い切れることは、投資サービス・コストが高ければ、受け取るリターンは低くなる。

手元に準備する資金は、政府保証の付いた銀行預金か安全なマネー・マーケット・ファンドに投資するのが適当だろう。その中で一番利率のいいものを探すとよい。一般にインターネット銀行の金利が一番高い。普通預金か譲渡性預金（CD）もよいだろう。しかし、どんな普通預金でもCDでも、連邦預金保険公社（FDIC）の保証付きに限る。

のちに述べるマネー・マーケット・ファンドはFDICの保険は付いていないが、多くの場合、金利が良く、手数料無料で小切手を使えるという便利さもある（250ドル以上）。こういったマネー・マーケット・ファンドは銀行から大口CDを買ったり、または大企業のコマーシャル・ペーパーを購入する。どうしても安全第一と思う人は、後述のアメリカ政府保証付き短期証券だけに投資するマネー・マーケット・ファンドを購入するといいだろう（これらの商品は短期国債ファンドと呼ばれている）。

〈図表9〉低コストのマネー・マーケット・ファンド（例）

ファンド名	経費率	5年物 リターン
Vanguard Prime Money Market www.vanguard.com; 800-662-7447	0.20%	0.84%
Vanguard Admiral Treasury Money Market www.vanguard.com; 800-662-7447	0.12%	0.61%
Vanguard Tax-Exempt Money Market www.vanguard.com; 800-662-7447	0.17%	0.69%
Fidelity Cash Reserves www.fidelity.com; 800-343-3548	0.37%	0.87%
Fidelity Government Money Market Fund www.fidelity.com; 800-343-3548	0.42%	0.68%
Fidelity Tax-Free Money Market Fund www.fidelity.com; 800-343-3548	0.47%	0.46%

（注）各リターンは2012年10月31日現在

図表9は非課税のマネー・マーケット・ファンドも含む。この種のファンドは州や地方自治体の債券にも投資をしている。これらのファンドが支払う利息には国の税金が課されない。その州に、住民には非課税となるファンドがあるかどうかチェックするといいだろう。その場合、州税と国税の両方とも非課税となる。

❹ 保険をかけているか確認する

あなたが一家の稼ぎ手で、配偶者と子供を養っているなら、生命保険と長期障害保険に入る必要がある。また、医療保険にも入ったほうがよい。保険に入る場合にも前に述べたKISS法則が重要だ。シンプルでコストが低いもの。複雑な「終身」保険ではないほうがよい。終身保険はあなたが必要とする生命保険機能に、コストが高い投資プログラムが付け加えられている。

障害保険に入る目的は、何カ月か働けないという状況に陥ったときに、その間の収入を補ってくれるものだ。ただし、かなり経費もかさむので、数カ月程度の収入をカバーするのは保険に頼らず、自分で積み立てておくほうが賢明かもしれない。本当に必要なのは自分ではカバーできないケース、何年も働けないという深刻な事態に備えてのものだ。そうした場合のみ保障される保険を選ぶのがよい。

どんな金融商品を買うときにでも、何社か回って、価格を比べる必要がある。重要なことは金融サービスの手数料が高ければ高いほど、あなたのリターンは低くなる。

❺ 分散投資をすれば心配の種が減る

分散投資はどのような投資でもリスクを減らすことができる。個別銘柄をいくつか保有するのではなく、資産は広い範囲でさまざまなものを持つのがよい。アメリカ株だけでなく、中国、ブラジル、インドといった急速に発展している新興国を含めた外国株を保有することが重要だ。株式だけでなく債券にも投資しよう。経済危機のときには世界中の株価が同時に下がるが、広く海外市場まで多様化しておけば短期、長期にわたるリスクを減らせる。

❻ クレジットカードのローンは使わない——これに尽きる

クレジットカードで借金をすることを除けば、投資の原則はそんなに多くはない。クレジットカードのローンを利用して18%、20%、22%もの金利を払っていたら、お先まっくらだ。もしクレジットカードで借り入れをしてしまったなら、最も有効な投資方法はその借金を返すこと。できるだけ早く全額返済するように努力しよう。

❼ 短期運用への衝動を無視しよう

投資家の最大の失敗は、衝動に駆られて冷静さを失うことと、群集心理に流されることだ。ミスター・マーケットの挑発と群集心理に乗って売買をすれば、投資家は自ら墓穴を掘り、リターンを引き下げる。とくに極端な暴落や暴騰のときには。周りの人たちみんながパニックに陥っているとき、あなたはうろたえずに、何もしないこと。ひたすら長期投資をしっかり見据えることが大切。

❽ 低コストのインデックス・ファンドを使う

すべての投資家による売買を通じて決定する市場価格以上の情報はない。もちろん、マーケットもときには間違いを犯す。20世紀から21世紀に変わる頃、ハイテク株とインターネット株が値を上げすぎたときのように行きすぎることがある。しかし、インターネット・バブル崩壊を予想した多くの賢人は、1992年頃から株式市場を「割高だ」と叫んでいた。

相場に賭ける人たちの判断結果も、良くて五分五分だ。そう、しかも、勝ちはわずかで、負けるときは大損するという傾向がある。市場もときにはミスを犯すが、そこにつけこめば勝てると錯覚してはいけない。この50年、株式市場は個人投資家主導であったものから、24時間365日株のことだけを考える高い専門性を持つ機関投資家主導へと変わってしまった。昨今では、例外的に才能に恵まれ、売買に専念できる個人投資家だけが、個別銘柄投資で市場に勝とうと考えることができる。

私たち2人は、合わせて100年の経験があり、プロとして論文を書き続けてきた。一流大学で投資について教え、世界中の投資委員会で仕事をしてきた。その私たち自身がインデックス運用をしてきて良かったと思う。多くのプロの投資家は自身の資産の大部分をインデックス・ファンドで運用している。インデックス運用はコストがかからず、税制上も優遇され、そして広範囲に分散投資できるからだ。

あなたの長期投資はすべてインデックス・ファンドにしておくといい。インデックス・ファンドで投資をすると平均的なリターンしか得られない、ということではない。あなたは平均以上のリターンを得られる。なぜなら、インデックス・ファンドは手数料が安く、ほとんどの経費を抑えられ、そのうえ不必要な税金も払わなくてすむからだ。この章の最後に、私たちが勧める具体的なファンド名を挙げよう。

❾ オーソドックスな分野に注目。ベンチャー・キャピタルやプライベート・エクイティ、ヘッジファンドのような「目新しい」商品は避けたほうがよい

一般投資家が投資するにあたって、次の3つのシンプルな投資カテゴリーが重要だと思う。(1)普通株、すなわち製造業、サービス業での企業への経営参加権を示す証券。(2)債券、すなわち国や諸官庁や企業の負債。(3)不動産、それは自分の家族の居住用住宅への投資がベスト。

営業員は、ヘッジファンドや商品取引、プライベート・エクイティやベンチャ

ー・キャピタルといった新商品を勧め、それがあなたを金持ち、それもすばやく金持ちにしてくれるという夢のような話をするかもしれない。あなたは夢を膨らませる。しかし、そんな話に乗ってはいけない。たしかに考えられないほど儲けたという話がときどき雑誌に載る。しかし、慎重に考えたほうがいい理由が4つある。

1―そうした新商品の中で一番うまくいった場合のみ、素晴らしい結果が得られる。
2―そうした商品の平均成績はパッとしない。平均以下のものはさらにひどい。
3―うまくいっているものは予約で一杯で、新規の投資家は受け入れない。
4―そうしたベストのファンドに、まだ投資家として参加できていないなら、これから投資できるチャンスは現実的にはゼロだろう。

もしあなたが大きな自家用のジェット機を持ち、映画スターと付き合い、こういった新商品について例外的にくわしく知っているのでなければ、新商品は避けるべきだ。あなたには向いていないし、私たちも向いていない。気をつけたほうがいい！　どれか新商品の1つを、しっかりと運用してくれる信頼できるマネジャーを探せば、見つかるかもしれない。しかし、そのマネジャーが言ったとおりの利益を上げるとは、ゆめゆめ考えてはならない。

▽年齢、資産、性格に見合った投資

個人投資家にとって適切な資産配分を考える前に、大切なポイントがある。その第1は年齢だ。相場が上がったり下がったりしても、若くて、退職するまでにそれを乗り切るだけの時間的余裕があるなら、株式への配分を多くできる。もう退職をしているなら、リスクを抑えた投資をするほうがいい。

2つめの大切な要素は、自分の経済状況だ。夫を亡くして病床にいる女性なら、仕事もできず生活費をまかなうために投資資金を使わなくてはならない。そういった人は株式市場が下がっている間、売却して資産を大きく減らすというリスクはとりたくない。値上がりを待つ時間的余裕もなく、市場が回復するまで生計を維持する給料もないのだから。

3つめのポイントは、自分の性格である。資産が大きく目減りすることに耐えられない人もいる。そのような人は債券や預金への比重を多くするといい。心配症でない人は長期的に資産が増えることを中心に考える。人それぞれだ——でも慎重に。自分自身を知ることが大切で、そのうえで自分の性格とライフステージに合った投資をすることだ。

> 自分自身を知ろう。そしてその自分の性格と、ライフステージに合った投資を選ぶこと。

冬になると、多くの人がスキーに行く。そして自分の能力に合ったゲレンデやコースで、スキーを楽しむ。人生の多くの場面で成功の鍵は、自分の能力を知り、無理をしないこと。投資で成功するための秘訣も同じだ。己を知り、自分の投資能力と精神的な強さを考え、その範囲からはみ出さないこと。

30代の人全員にあてはまる資産配分はない。同様に50代の人、80代の人全員にあてはまる資産配分もない。80歳の人でも、資産の多くを子供や孫に残したいなら、30代の人に向いた資産配分がいいかもしれない。このように資産を残そうとする場合、投資資金の中で遺産に充てる資産配分は、渡す側の年齢ではなく、受け取る人の年齢に合ったものにするとよい。

投資での成功の鍵は、自分に合った資産配分に従って投資すること。その際、次のことを考慮に入れるべきだ。

- 自分の経済状況：資産、収入、そして蓄え――現在と将来にわたるもの
- 自分の年齢
- 精神的な強さ――とくに株価が大きく上がったときと大幅に値下がりした場合にその市場リスクにどの範囲なら耐えられるか
- 投資に対する知識と興味がどのくらいあるか

▽バートンとチャーリーの資産配分計画

これから具体的に見ていこう。あなたはすでに、いざというときに備えた現金の蓄えを別に用意しているという前提で考えてみよう。そして私たち2人の年齢別の資産配分ガイドラインを紹介しよう。このガイドラインは9割方の投資家に役立つ。それぞれの人の状況、投資能力、精神的な強さなど、あなたに適した資産配分の範囲を考慮しなければならないが、それでも、このガイドラインが投資を始める起点だ。

もし経済的に余裕があるなら、自分の家を持つことを勧める。最大の理由は、自分の生活の質を高めるため。自宅を買うことは、すなわち退職に備えて株や債券で投資することに加えて、不動産に投資をすることでもある。

私たちの資産配分の基準：

自分の年齢とその年齢による市場リスクの許容範囲に従って、賢く資産配分を変えること。

次の2つの図表は、年齢とその年齢における市場リスクの許容範囲に従って、どのように資産配分を変えればよいか、という例を示したもの。最初の図表10は、バートンのアドバイスによるもの。このパターンは慎重な人向きだという点で、私たちの意見は一致している。チャーリーは、このパターンは少し用心深すぎると考える。

そして、2つめのパターン（図表11）を作った。これは、株の割合が最初のものより多く、したがって市場変動の影響を受けやすい。

チャーリーが勧める資産配分は、長期的に見てリターンを高める目的で作成されている。しかし、そのためにはむやみに売らないことが重要。市場の下落は必ず何度も起こるからだ。また、若い人は自分の最も大切な「資産」を勘定に入れていな

〈図表10〉バートンの年齢別資産配分計画

年齢層	株式の比率	債券の比率
20－30代	75－90%	25－10%
40－50代	65－75	35－25
60代	45－65	55－35
70代	35－50	65－50
80歳以上	20－40	80－60

〈図表11〉チャーリーの年齢別資産配分計画

年齢層	株式の比率	債券の比率
20－30代	100%	0%
40代	85－100	10－0
50代	75－85	25－15
60代	70－80	30－20
70代	40－60	60－40
80歳以上	30－50	70－50

い、とチャーリーは指摘する。それは、若い人自身の知的財産と今後得られる収入の可能性だ。

バートンは一方、失業する可能性もあると言う。私たち2人とも、安全策をとるべきという点で一致している。自分が安心していられる範囲以上のリスクはとるべきではない。チャーリーの資産配分の中で株式はインデックス運用を前提にしている。バートンも同じだ。

しつこいようだが、資産配分を決定するうえで重要なことは、その時々の市場価格の上がり下がりにどのくらい耐えられるかによって変わる、ということをもう一度強調したい。だからといって、精神科医に相談すればよいのではない。チャーリーが提言するように、若い人が全財産を株に投資することは、すなわち401(k)にすべて投資して株価が急落したときには、全財産は4分の3にも半分にも、つまりあたかも301(k)か201(k)になったかのようになる。このような不安定さを受け入れられるなら、それでよいが。

バートンはプリンストン大学で長年、若い大学の先生たちの投資の相談に乗ってきたので、自分の財産が減るのを目の当たりにするのは容易ではないことを知っている。そのため、バートンは株の配分を低くすることを勧める。

毎年の市場価格がまったく気にならない人には、とくに若い人にはチャーリーは全資産を株式投資することを勧める。実際、チャーリーもそうしてきて、それに満足している（彼は80代の今でもそうしている）。資産の中で株の割合を増やすことは、積極的に高い市場リスクをとるということだ。そうすると、長期的にはおそらくリターンは高まるだろう（心配で眠れぬ夜が多くなることでもある）。

そんな生活に耐える自信がないなら、つまり市場が最悪の事態になったときそれに耐える精神力がないと思うなら、マーケット・リスクを抑えなければならない。「儲けたい」という気持ちと、「よく眠りたい」という気持ちの兼ね合いを考え、自分の性格を自覚し、どの程度ならよく眠れるかを考え、その水準まで資産の中の株の割合を減らすことだ。

長期投資は、手数料の安いインデックス・ファンドにするといい。株式投資の中で最もお勧めは、全世界の株式市場インデックスに連動するインデックス・ファンドだ。外国株に投資するのが絶対にいやなら、国内の株式市場全体に連動するファンドを選択するとよい。

私たちは、資産は全世界に分散投資することを勧める。アメリカの経済は全世界の経済活動と株式市場の規模から考えると半分以下でしかないからだ。債券については、アメリカ債券市場全体を対象とするインデックス・ファンドを選択するとよい。

年齢が上がるにつれて、前の表にあったように債券への投資を増やす方向へ資産配分を変えていくとよい。401(k)の拠出先を変えることで、資産配分を簡単に変えることができる。それだけでは不十分と思うなら、積み立ててきた資産の一部を株から債券へと徐々に移し替えるとよい。

年1回、それまでの株価の上昇または下落によって生じた現実の資産配分比率と、定めた望ましい資産配分比率を比較し、一定以上の開きがあれば、基準の比率まで戻す。株式を60%、債券を40%所有するのが最適だと思っていると仮定しよう。そこで、株式市場が活況で株価が上がった結果、株の資産配分比率が70%に上昇した。そうした場合、その値上がり部分を売り、株式比率を60%まで下げることが必要だ(反対に、ひどい暴落の結果、株の割合が50%になったときは、債券を売り、株を買い増す)。

もし他にも投資しているなら、資産の中で税制優遇措置――401（k）やIRA――のある部分について、自分の意図した資産配分が保たれているかどうかを確認する必要がある。そうすれば、余分な税金を払わなくてすむ。

▽リタイア後の投資の進め方

退職した人の投資については、債券運用の割合を増やすことを勧める。債券は、生活費を確保するには比較的安全確実だからだ。しかし、普通株のいくつかは、インフレに対応して値上がりするという利点があるので投資対象と考えられる。債券市場全体を対象とするインデックス・ファンドの中には、TIPS（インフレ連動国債）も含まれている。物価が上がると、TIPSが払う利息も増える。退職者はインフレ時でも収入増を期待できる。

ただし例外もある。もしあなたが資産を売らないで生活費をまかなえるほど裕福な場合、株に比重を置いた資産配分をするという選択肢がある。子供や孫に残そうと思う資産であれば、自分の年齢ではなく、子供や孫の年齢にふさわしい投資をすべきだ。

多くの人は、退職後に貯蓄を取り崩すだろう。そういった人の場合、退職資金の一部かすべてを個人年金にするかどうか決めなくてはならない。定額年金であれば保険会社と契約し、一括で保険料を支払うと、保険会社はあなたが生きている限り、ある一定額を支払い続けることを保障する。この個人年金制度には重要な特典がある――どんなに長生きをしても生活資金を保障してくれる。多くのファイナンシャル・プランナーはこの個人年金を勧める。

一方で、この個人年金制度に馴染まない人もいる。死んでしまえば、保険会社からの送金は止まる。ということは、健康状態が思わしくないなら、この年金契約は有利かどうかわからない。また、子供や孫に十分な資産が残せるほど裕福なら年金などいらないかもしれない。さらに、定額年金には1つ重要な欠点がある。それは、インフレが進んでも受取額は増えない点だ。

単純明快なアドバイスをしよう。退職時にあなたがかなり健康であるなら（とくに遺伝的に長寿の家系であり、その他ほとんど健康面で心配する要素がない場合）、これまで貯めた資産の半分を個人年金にするとよい。そうすれば、たとえあなたが

100歳まで生きても、ある程度の生活費は確保できる。

ただし定額年金は、平凡でベーシックなものに限る。魅力的な年金、たとえばインフレに対応するとか、その他さまざまな特典が付いている年金は、一見良さそうに思える。しかし、その種の年金は高い手数料を取り、本当に良いかどうかを分析するのは難しい。あちこちの年金や保険会社をよく調べるといい。一般的に、保険会社に直接個人年金を申し込んだほうが、手数料を取ろうと手ぐすね引く代理店を通すよりも条件が良いことが多い。

▽コストが安くて十分分散されたお勧めファンド

次に、普通株と債券投資に良いと思うファンドを列記する。お勧めファンドはすべて広範囲の株や債券を買うインデックス・ファンドで、また手数料も安いものを選んだ。

インデックス・ファンドならすべて同じようなものというわけではない。何百種類もある。中には大企業株式に限ったものもある（いわゆる大型株ファンド）。S

&P500インデックス・ファンドなどはこの種のファンドだ。小型株に特化したものや高成長株に限ったもの、またITなど業種を限定したファンド、外国株だけを扱ったファンドとさまざまだ。債券のインデックス・ファンドも多くの種類がある。安全確実な短期の国債ファンドからリスクの高い高利回りの債券ファンドまで。私たちが勧めるのは、2つの広範囲のインデックス・ファンドに限って投資をすること——全世界株式市場対象のインデックス・ファンドと全債券市場対象のファンドだ。

選択肢を考えるために実例を示すと、株と債券のそれぞれで複数のファンドに投資すべきだと思っているわけではない。また、著者2人とも、投信会社のバンガードとの付き合いが長い。しかし、この本をバンガード社のために書いているわけではないことを、はっきりと言う。

リストに挙げたファンドはすべて手数料が安く、私たちの基準に合っている。株式インデックス・ファンドで重要視するのは、全世界の株式市場に投資するファンドだ。アメリカ株は世界の株式市場の40%を占めるにすぎない。アメリカ人は車を日本とドイツから買い、ワインはフランスやオーストラリアやチリから買う。そして、衣料品は中国、ベトナム、インドネシアなどから買っている。同様に、あなたの株も世界中から買うべきだ。もし全世界株式インデックス・ファンドに投資しないのなら、投資額の半分を全市場型アメリカ株インデックス・ファンドにし、残りの半分を外国株インデックス・ファンドにすることを勧める。

そういった人向けに全市場型アメリカ株インデックス・ファンドのお勧めのものも図表12に載せた。これまで述べてきたように、「全市場型」株式ファンドは勧めるが、たとえば有名なS&P500大企業インデックス・ファンドのような投資先を限定したファンドは勧めない。S&P500はアメリカで取引される株全体の70%を占めるだけだからだ。30%を占める残りの中小企業の多くは積極経営の活力に富み、将来急成長する可能性が高い。

表に示されるどのファンドでもよいが、信託報酬などの経費率の違いには注意が必要だ。

初めて株式に投資するなら、全市場型アメリカ株インデックス・ファンドから始めるといい。そしてその後、外国株ファンドを加えていく。全市場型アメリカ株インデックス・ファンドは全世界で株式投資をしている効果もあわせ持つ。というの

〈図表12〉優良全市場型アメリカ株式インデックス・ファンドの例（2012年）

ファンド名	Fidelity Total Market Index, www.fidelity.com; 800-343-3548	Schwab Total 1000 Investor Class, www.schwab.com; 800-435-4000	Vanguard Total Stock Market Index, www.vanguard.com; 800-662-7447
インデックス	Dow/ Wilshire 5000	Custom Index	MSCI Broad Market
販売手数料	0	0	0
当初投資 単位（ドル）	10,000	100	3,000
追加投資 単位（ドル）	1,000	1	1
最近の 経費率	0.10%	0.29%	0.06%
給料天引き	あり	あり	あり
401(k), IRA対応	あり	あり	あり

は、ゼネラル・エレクトリックやコカ・コーラなど多くのアメリカの多国籍企業は外国でも多額の利益を上げているからだ。とはいえ、アメリカ株ファンドの1つに投資するとともに、全市場型海外株ファンドの1つにも投資すべきだと思う。私たちが勧める海外株ファンドのリストも図表13に示している。

国内株ファンドと外国株ファンドの両方を一緒にして、1つにまとめたファンドがある。このようなファンドは全世界株式市場インデックス・ファンドと呼ばれる。この経費率は図表14を見るとわかることだが、前に上げた個々のファンドよりわずかに高いだけだ。そして、購入手数料が少し必要になる。しかし、広く分散投資したものをたった1つのファンドを買えばすむというのは、きわめて手軽なワンストップ・ショッピングである。

〈図表13〉優良海外株式インデックス・ファンドの例（2012年）

ファンド名	Vanguard Total International Stock Index, www.vanguard.com; 800-662-7447	Fidelity Spartan International Index, www.fidelity.com; 800-343-3548
販売手数料	0	0
当初投資単位（ドル）	3,000	10,000
追加投資単位（ドル）	1	1
最近の経費率	0.34%	0.20%
給料天引き	あり	あり
401(k), IRA対応	あり	あり

〈図表14〉バンガード全世界株式市場インデックス・ファンドの例（2012年）

ファンド名	Vanguard Total World Stock Index, www.vanguard.com; 800-662-7447
当初投資単位（ドル）	3,000
追加投資単位（ドル）	1
最近の経費率	0.40%
給料天引き	あり
401(k), IRA対応	あり

全世界株式市場インデックス・ファンドに投資すると、広く分散投資したものをたった1つのファンドで手に入れられる。1カ所ですべての買い物ができるようなものだ。

すでに述べたように、適切な分散投資のためには債券への投資も必要であり、また、個人投資家が債券を所有するにはインデックス・ファンドが最も効率が良いと考える。ここに、図表15に個人投資家にふさわしい3つのインデックス・ファンドの例を挙げた。これらは電話かウェブサイトで購入できる。

個別株のように売買できる上場投資信託、すなわちETFがよいと考える方もおられるだろう。ETFの中で人気のものが2つある。その1つがQQQ（または「キューブス」）で、NASDAQ100指数を基準に動く。もう1つが「スパイダーズ」（取引所の中ではSPYという変わった略称で呼ばれている）。これは、S&

〈図表15〉優良債券インデックス・ファンドの例（2012年）

ファンド名	Schwab Total Bond Market Index, www. schwab.com; 800-435-4000	Vanguard Total Bond Market Index Fund, www.vanguard.com; 800-662-7447	Fidelity US Bond Index, www.fidelity.com; 800-343-3548
販売手数料	0	0	0
当初投資単位（ドル）	2,500	3,000	10,000
追加投資単位（ドル）	1	100	1
最近の経費率	0.58%	0.10%	0.22%
給料天引き	あり	あり	あり
401(k), IRA対応	あり	あり	あり

P500指数をベンチマークとする。こういったETF投信のどちらも投資範囲が狭すぎると思う。幸いなことにアメリカと全世界を対象とした全市場型株式インデックス・ファンドが手に入るようになった。

次の図表16はETFの中で私たちが勧めるものを示している。ETFは経費率が非常に低い。そして、手持ちのETFを売っても税金は発生しないので、投資信託より税制上有利だ。これは、通常の投資家にとっては有利だ。しかし、ETFを購入するときには売買手数料を払わなくてはいけない。ということは、多額の購入でないと、手数料は利点を帳消しにしてしまう恐れがある。

手数料なしのインデックス投資信託には、購入時に手数料はかからない。しかし、もしまとまった金額の投資の際は（たとえば、非課税の個人年金積み立て口座において投信を乗り換えるときなど）、ETFは最適かもしれない。

バンガード・トータル・ワールド・ETF（取引所ではVTと呼ばれる）はあなたが必要とする分散投資の対象をすべて含んでいる。国内および海外市場のものを、これだけに投資すればいいようになっている。

〈図表16〉上場投資信託（ETF）の例

	取引所略称	経費率
全市場型アメリカ株式ファンド		
iShares Russell 3000	IWV	0.20%
Vanguard Total Stock Market	VTI	0.06%
全市場型海外株式ファンド		
Vanguard FTSE All World	VEU	0.18%
SPDR MSCI ACWI	CWI	0.34%
全世界株式市場ファンド		
Vanguard Total World	VT	0.24%
iShares MSCI ACWI	ACWI	0.34%
総合型アメリカ債券ファンド		
Vanguard Total Bond Market	BND	0.10%
iShares Barclays Aggregate	SGG	0.08%

Ⅵ

暴落期でもあてはまる
大原則

Timeless Lessons
For Troubled Times

『投資の大原則』の初版が発刊されてからの市場は、かつてない落ち込みののち、劇的に回復した。リーマンショック直後、人々は金融システムと資本主義は崩壊するのかと真っ青になった。多くのEU加盟国の債務返済は滞り、EUの存続そのものも危ぶまれた。この間世界の株価は半分程度にまで暴落した。投資家にとってまさに「失われた10年」だった。

この間に、多くの投資家が株式市場を去ったのも無理はない。人々にとっては恐ろしい落ち込み方だったのだ。市場は退職後の投資先としてはあまりにリスクが高く、普通の人にはとても耐えられないものになっていた。さらに、短期売買を好む人々の中には、「長期投資は死んだ。相場を張るしかない」と断言する者も出てきた。

「分散投資も終わった」「今の株式市場は、みんな一方通行で暴落すると逃げ場がない」と、いわゆる専門家も語った。投資家がこうした乱暴なアドバイスに混乱したのも当然のことだった。

しかし、そんなことはない。この本に書かれた基本的な投資の大原則は、今日のように市場が大きく変動するときにこそ一段と輝きを増す、と確信している。若いときから退職後に備えて資産形成を図る多くの方々にとっては、市場の短期的な上下は真のリスクではない。実際、長期積み立て投資に参加している人にとっては、株価の大きな上昇・下落は、むしろリターンを高める効果すらある。他方、下がったときに買い、上がったら売ろうと相場を張る投資家は、しばしば天井で買い大底で売るといった、最悪の判断をしてしまうものだ、というのはすでに述べたとおりだ。

相場を見ながら売買することは、失敗の最大の原因だ。株価に気を取られる投資家はほとんど例外なく間違える。たとえば相場暴落のときに慌てて売ってしまうことで、多額の損を確定し、しかもその後の上昇に乗ることができず、取り返すこともできない。暴落期の多くの人々の行動を見れば、相場を見ながら投資することがいかに無駄なことか明らかだ。

私たちはこのことを過去に何度も見てきている。2000年代初頭のインターネットバブルの際、超楽観的な多くの個人投資家がインターネット株に虎の子の貯蓄を注ぎ込んだ。２００８年、金融危機のピーク時、世界の株式市場が底を打ったそのときに――まさにバーゲン価格で買うべきそのときに――個人投資家は過去最大規模で株を売ってしまったのだ。２０１１年の欧州金融危機の際も、まったく同じことが起きている。

私たちが本書で主張する分散投資とリバランス（決められた配分比率への定期的調整）に基づく投資が、リスクを明らかに抑えることは、歴史的にも裏づけられている。✡「失われた10年」のような市場の混乱期において、一般投資家向けに多くの誤ったアドバイスがなされていることを踏まえて、私たちは第2版の刊行にあたって、この最後の章を付け加えることに決めたのである。

▽ドル・コスト平均法なら、市場変動はチャンス

退職後に備えて長期積み立て貯蓄制度（日本でいえばつみたてＮＩＳＡや

［✡分散投資は注意深い管理が必要である点については後述する。］

iDeCo）に参加する方々にとっては、株式市場の絶え間ない上昇・下落は、しばしばメリットとなる。こうした方々は第Ⅲ章に述べたドル・コスト平均法のメリットを使えるからだ。昔から知られたこの単純な技法を使って、投資家は一貫して上昇する市場より、上昇下降を繰り返すほぼ横ばいの市場において、長期的には多くの資産を貯めることが示されている。

理論的な計算はさておき、以下、継続的な株式投資は、向こう10年以上にわたり上昇は見込み薄という環境のもとでも、長期的な退職後の資産形成に役立つことを示したい。21世紀に入って最初の10年は歴史上最悪の10年といっていい。まず21世紀初頭、いわゆるインターネットバブルがはじけ、市場は半値となった。2000年代の終わりにかけてリーマンショックのため相場は再び50％落ち込んだ。なにしろ2010年末のS&P500指数は2000年1月を下回っていたのだ。何百万ものアメリカ人が株式投資に失望したわけだ。しかし、私たちの示すルールに従う長期的投資家にとって、そんなに悪いことだろうか。

ここで、史上最高値をつけた2000年1月という最悪の時期に長期投資をスタートした、と仮定しよう。当初投資額はすぐ半減するが、そんなことにお構いなく上げ相場でも下げ相場でも我慢強く一定額を定期的に投資し続けてみよう。簡単にするために毎年1回、1000ドルを1月の最初に取引所が開いた日に投資したこととする。配当は再投資するものとする。図表17はS&P500インデックス・ファンドに2000年1月1日に投資した場合と、毎年1月に1000ドルずつ分けて（すなわちドル・コスト平均法で）投資した場合を比較したものである。

結果は明らかだ。株式投資家にとって史上最悪の10年においてすら、ドル・コスト平均法の投資を行えば、そこそこのプラスのリターンを生み、資産は増えている。

短期的には市場は今後も大きく上下に動くだろう。長期投資家にとっても相場の動きは気になるところだろうが、かまうことはない。相場の変動は、むしろプラスなのだ。退職後に備えて貯めようとする長期投資家にとっての最大のリスクは、短期変動をいかに乗り切るかではなく、積み立て投資のルールを相場の激しい動きに振り回されずに維持できるか、ということだ。ドル・コスト平均法は長期投資の4つの大原則の1つである。

〈図表17〉「失われた10年」におけるドル・コスト平均法と
S&P500インデックスとの比較

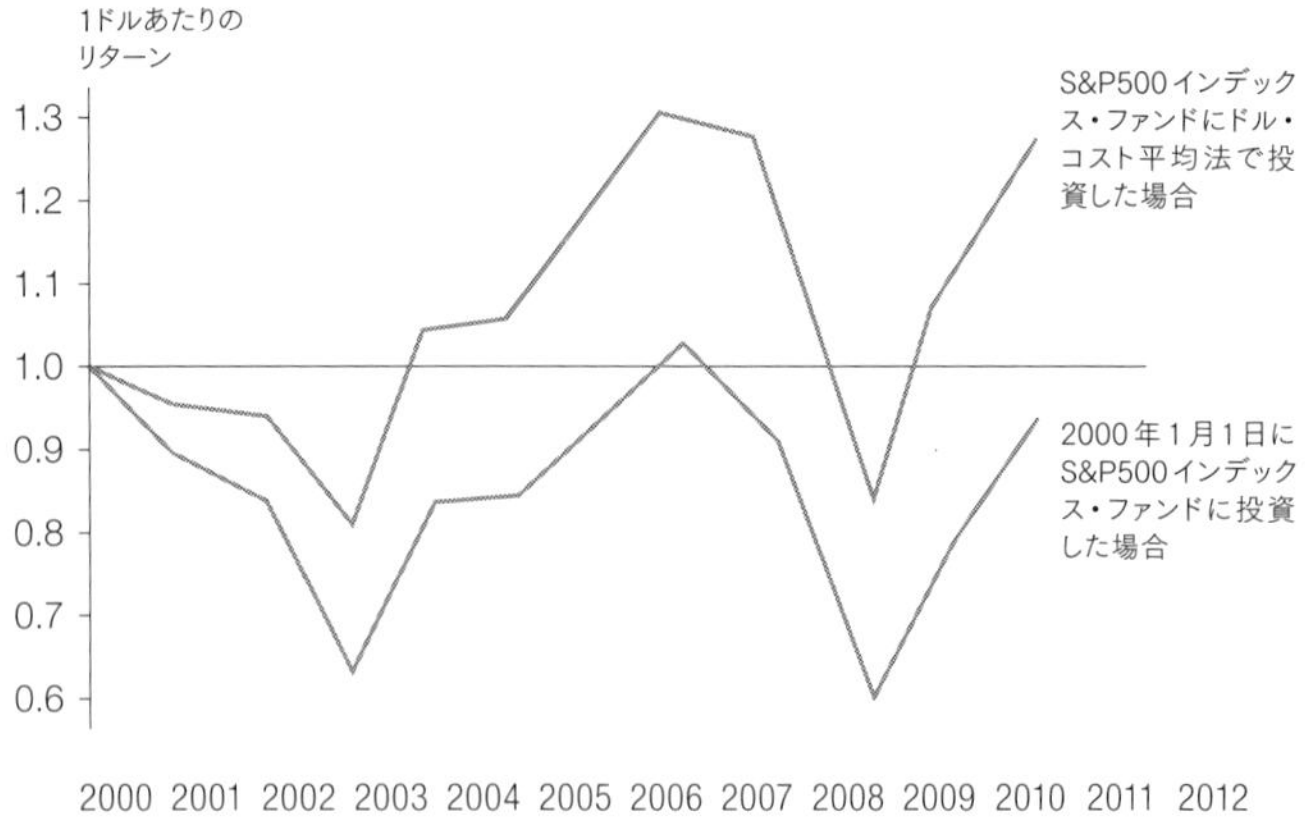

▽分散投資はいつの世においてもリスクを減らす

どんなときにも分散投資はリスクを抑える手法である。ちょうど人生にとって健康が何よりも大切であるように、分散投資は投資の成功の基本である。ひと口でいえば、株式市場は必ず上下するものだから、資産全体の中に比較的価格の安定したものを混ぜておくということだ。

ただ、リーマンショックのときは、分散してもあまりうまくいかなかった。たしかに、分散投資は最も必要なときに役に立たないという反対論に一理あったと思う。国際化の進展とともに各国市場は同じように上下するようになってきた。ある国の市場の暴落はただちに他国に及んだ。こうした面は否定できないが、分散投資は依然として投資の大原則の１つであり、長期目的達成のための有効な武器である。

何よりも、すべての株や債券がいつも同時に上下するわけではない。たとえば、債券価格はしばしば株価が下がるときに値上がりする。景気が怪しくなってくると企業収益の低下が見込まれることから株価は下がり始める。

他方、一般にそうした場面では、中央銀行は不況を避けるために短期政策金利を引き下げる。その結果市場金利が下がり債券価格は上向く。一般に債券と株式は逆の動きをするために保有資産全体の上昇・下落の幅をある程度相殺し、抑えることができる。最近の統計を見ても株と債券のリターンは反対の動きを示していることがわかる（現在の環境における債券投資については、後で説明する）。

さらに、世界中の株式市場はほとんど同時に上下するとはいえ、国別の市場リターンには明らかに差がある。図表18にあるとおり、2009年までの10年間、先進国と新興国市場の短期的な株価変動は完璧に連動していたものの、この10年間の長期リターンは決定的に違う。先進国市場はこの間ほぼ横ばいで、リターンはないに等しい。かたや、新興国市場の年利平均リターンは約10％だ。

▽「失われた10年」でもリバランスは効果的だった

ここで、第Ⅲ章で述べた、リバランスの効果が市場の最悪期においても十分役立つことを改めて強調したい。すでに述べたようにリバランスとは、定期的に、たと

〈図表18〉新興国市場への分散投資は「失われた10年」でも効果的だった

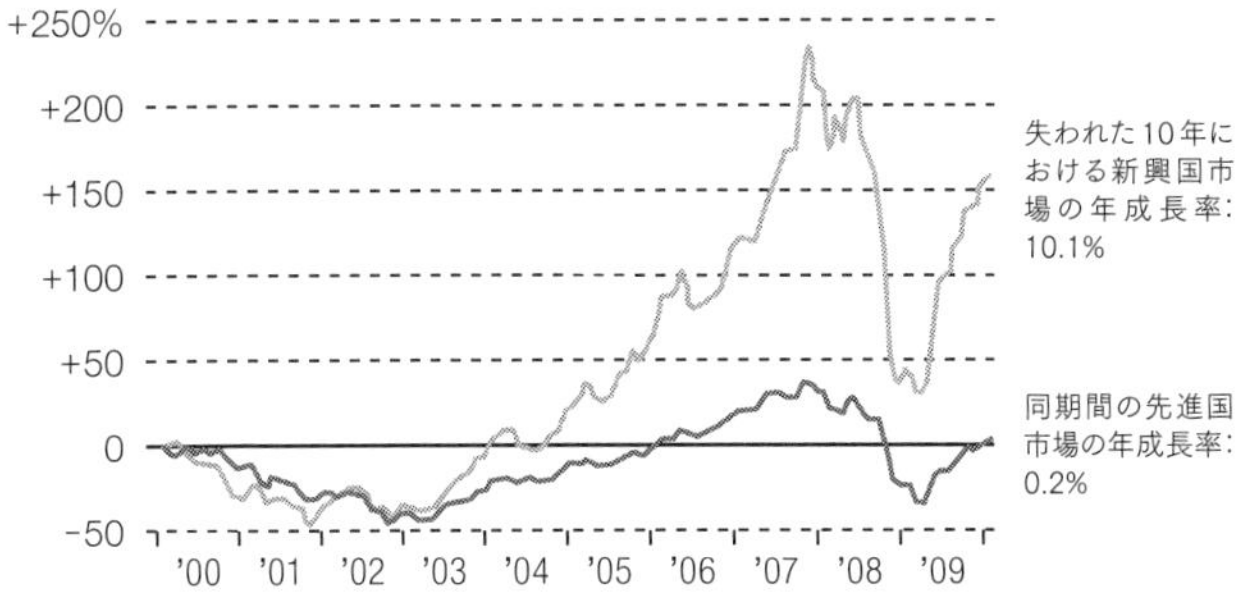

（出所）MSCI、ブルームバーグ

えば年に一度、保有資産全体の中での株や債券の配分比率をチェックして、当初定めた比率に戻すよう売買することである。たとえばあなたが慎重なタイプで、株は全体の半分まで、したがって債券も半分と決めていたとしよう。株価が倍近く上がれば株式への配分比率は7割を超えてしまうので、株を5割になるまで売り、その分債券を買えばよい。これがあなたの決めたリスク管理なのだ。

図表19は株60％、債券40％と決めたポートフォリオのリバランスの効果を示している。リバランスにより、15年間の平均リターンはなんと年率1・5％上昇する。さらに、年度ごとの変動幅は縮まっている。なぜか。その答えは、リバランスにより、値上がりしたものを売り、安くなったものを買っているからだ。

この10年間の激しい市場変動を見れば、リバランスがなぜこんなに効いたかがわかるだろう。前提は、リバランスを毎年1月に行うというものだ。2000年1月時点でインターネットバブルが3月にはじけるなんて、誰も想像できなかっただろう。しかし株価が急騰した一方、金利上昇により債券価格が暴落していたことは事実だ。したがって、その時点での株式・債券配分比率は、基準の60対40から75対25へとなっていた。そこでリバランスするために、株式を一部売り、その資金で債券

〈図表19〉分散投資とリバランスの有効性

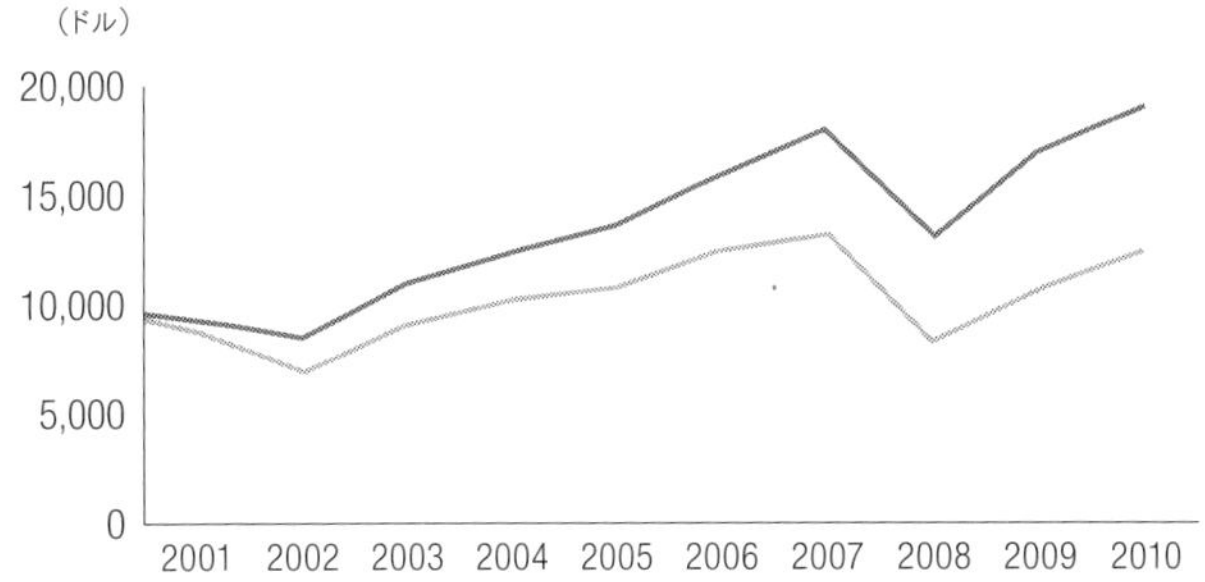

（出所）バンガード、モーニングスター

を買うことで、60対40の基準に戻したのである。

さて次に、2003年1月、株価は暴落し、金利低下で債券は急騰した時期について見てみよう。誰も2002年10月が株価の大底だったとは気づいていない。しかし、事実として債券比率は55%だったため、40%になるまで減らし、株式を買ったわけだ。この10年の終わりにかけて、リーマンショックのときにもリバランスは見事にワークした。国債金利がゼロに近づいたため債券比率が2009年1月には基準の40%を大きく上回り、リバランスにより株式が買われた。

リバランスはほとんどの人々の行動と逆のことを求めている。多くの人は、市場が活況で天井に近づいたときに買い、空が降ってくるかという最悪のときに売るものだ（この行動の結果市場の天井と大底が作られる）。リバランスはその反対の行動をする指針だ。市場に惑わされないリバランスも投資の大原則の1つだ。

▽ 分散投資とリバランスの組み合わせ

バートン・マルキールは長年にわたり、50代の投資家の分散投資のメドとして、33％が債券、33％が米国株、17％が米国以外の先進国株、17％が新興国株という配分比率がいいと提案してきた。人によってどこまでリスクをとれるかは違う。チャールズ・エリスは、初心者は債券比率20％から始めるとよいと考える。配分比率の差はともかく、われわれ著者2人とも、先に述べたリバランス効果を確信している。

先ほどの図表19は、ここに挙げたマルキールの配分比率で、毎年リバランスしたポートフォリオと、１００％米国株ポートフォリオとの成績を比較したものだ。

米国株はこの失われた10年の間、ほぼ横ばいであった。これに対し、分散され、リバランスの行われたポートフォリオは、この10年で約2倍になっている。リーマンショックがあったにもかかわらず、である。

▽インデックス運用を勧める理由

リーマンショックのような暴落期の経験は、金融資産の大半をインデックス運用すべきという第Ⅱ章の著者2人の主張をさらに裏付けることとなった。市場平均に勝つためには、市場において圧倒的な情報収集力を持つ多くの競争相手以上の売り・買い判断をし続けなければならない。昔はそれも可能であったが、市場が大きく変わったことでほとんど不可能になってしまった。

過去50年間で、1日の取引規模は40億株と2000倍に膨れ上がり、また、オプション・スワップといったいわゆるデリバティブ市場の規模は株・債券の現物市場を上回るほどにまで成長した。この巨大市場に参加する大金融機関や機関投資家には、高学歴でIT技術にも優れ、厳しいトレーニングを受けた何十万人もの優秀なアナリストやファンド・マネジャーが市場に勝とうと日夜しのぎを削っている。

市場とは、こうした多くの高度プロフェッショナル同志の、いくらなら買う、いくらなら売る、というセリ判断がぶつかり合う場所だ。そしてその結果として決まる市場価格は、まさにプロの投資判断の総意といえる。個人はいうまでもなく、どんなプロでも、プロの総意である市場価格以上の判断――たとえば価格は割安だ、といった判断――をし続けることはほとんど不可能に近い。

たしかにコスト（運用手数料・控除後売買手数料・税金など）控除後で、長期的に市場平均に勝ってきたマネジャーがいないわけではない。しかし、そうしたマネジャーを事前に見出すことが難しいということには、多くの実証データがある。

皮肉なことだが、市場参加者の能力がこれほど上がってきたからこそ、その総意である市場平均に勝つことが難しくなったということだ。だからこそトッププロの総意を反映したインデックス・ファンドは、アクティブ・ファンド全体のうち3分の2のファンドに勝っている。そして市場に勝つ3分の1のアクティブ・ファンドも、次の期間に勝ち続けるとは限らない。さらに市場に負けたときの負け幅は、勝ち幅のほぼ倍というデータもある。

今日のような荒れた市場では、アクティブ・ファンドが有利で、手数料も安いという説があるが、それを信じてはいけない。過去50年で、アクティブ・ファンドの運用手数料は4倍になったが、成績はそれに見合うほど改善してはいない。だから手数料は安いとはいえない。むしろきわめて高い。

通常、手数料は資産の1%、といった形で示される。しかし本来、運用手数料はマネジャーの生み出した価値に対して支払われるものだろう。たとえば、株式市場全体のリターンが7%のときに資産の1%の手数料を払うと仮定する。これは、得られたリターンに対して実質14%（1÷7×100＝14%）のコストをかけていることになる。さらにいえば、市場全体のリターンを得るだけなら、だれでも0・05%程度（訳注：アメリカの場合）の手数料を払ってインデックス・ファンド・ETFへ投資すれば簡単に得られる。したがってアクティブ運用の投資家は、インデックス投資を超える手数料をどれだけ払って、それによってどれだけインデックス投資を超える超過収益が得られたか、と考えたほうがいい。

こうした観点から見ると、細かいことはさておいても、運用手数料は超過収益のかなりの部分、場合によっては半分近くに達するほど高い。市場に勝てない多くのマネジャーに至っては、論外だ。

1つだけ確かなことは、手数料が高いほど投資家の取り分は減る、ということだ。一般に理解されているよりも、手数料は投資家にとってはるかに大事なことだ。個人投資家も機関投資家もインデックス・ファンドやそのETFに関心を向け、資金を移すようになってきているのも無理はない。

もちろん高い手数料のアクティブ運用で潤ってきた投信業界は、いつも直近成績最高のファンドに乗り換えるよう宣伝している。モーニングスターの5つ星投信の広告をよく見かけるだろう。もっともモーニングスター自身は、星の格付けは将来の成績を予想するものでなく、手数料が低ければ将来好成績の可能性が高い、と認めている。

同社の2000年から2011年の実態調査によれば、投資家はリターンを求めてファンドを次々と乗り換えることで数十億ドルを失った、という。この間インデックス・ファンドに投資して持ち続けていたら、年平均2％近くリターンを改善できたはずだ。

▽「恐怖の時代」を乗り切るため、債券も分散しよう

本書の初版において、私たちは、株式だけでなく株式とあまり関連しない別の資産も混ぜるよう提案した。２０００年代に入ってからの10年間、株式暴落のときも債券は高いリターンを稼ぐことで、資産全体の落ち込み幅を減らした。いまや、債券リターンはゼロかマイナスとなり、どんな債券でも当分は見込み薄だ。だから、ある程度定期的な収入を必要とする投資家は、どうすればよいか慎重に考える必要がある。

不幸なことに、当分の間いわゆる「金融抑圧」時代が続くと考えられる。その意味は、先進各国の国債金利が極度に低く抑えられる状況のことだ。各国の国債発行残高はうなぎのぼりで増え続ける一方、財政削減はできない。こうした状況に対応する現実的な政策は、長期にわたり投資家の受け取る金利をインフレ率以下に抑えることだ。その政策は、インフレによって、借り入れの実質的負担が軽くなるのを待つことを意味する。本来受け取れるはずの金利収入との差額は、形を変えた課税

ともいえる。

現在10年物米国債の金利は2％以下で、インフレ率を下回っている。仮に向こう10年のインフレ率が2％としても、投資家のインフレ調整後の実質リターンはマイナスだ。インフレが進めば、そのマイナス幅は広がる。さらに債券投資家にとっては、債券価格の低下による損失が重なってくる。

この光景には前例がある。第二次世界大戦後のＧＤＰに対する米国国債残高の比率は現在同様１００％を超えていた。当時の政府の政策は、戦時中の低金利を継続することだった。１９４０年代後半の10年物米国債利回りは２・５％程度にくぎ付けされ、１９５０年代初めから徐々に上がっていった。国債投資家は、長い間の低金利と、その後の上昇による元本ロスとの、往復ビンタを食らった。インフレの結果、１９８０年代には対ＧＤＰの国債比率は3分の1まで下がったが、その裏には債券投資家の膨大な負担があったのだ。

この間の債券投資家の名目リターンは、かろうじてプラスであっただろうが、インフレによる減価を差し引けばかなりのマイナスとなるはずだ。金利が、２倍、４倍に上がった結果、債券元本の価格は大きく下がったのだ。

債券投資家にとって、こうした恐怖の時期が近づいてきているかもしれない。

それでは投資家は、とくに定期的な金利収入の必要な高齢層はどうすればよいのだろうか。2つの提案がある。1つは、社債など多少の信用リスクがあり、したがって金利も国債より高めの債券に投資すること。もう1つは、金利収入を、優良株の配当収入に変えてみることだ。

債券の中には、非課税の地方債のように、まあまあの利回りのものもある。地方自治体の財政難はよく知られているところで、中には魅力的な利回りの非課税地方債を出すところも少なくない（訳注：米国では地方債は非課税扱い）。たとえば、ニューヨーク・ニュージャージー・ポート管理局の債券は2012年で5％の利回りで、この2つの州民に対しては連邦税と地方税が免税となる。一方、債券元本はケネディ空港や、ジョージ・ワシントン・ブリッジの利用料金から返済される仕組みなのでまず安心だ（人々はこの種の地方債を集めた投資信託を通じて投資できる）。

米国より政府の借り入れの少ない国の国債も魅力的な投資候補になる。たとえば、オーストラリア国債。オーストラリアの国債対GDP比率は25％と低く、人口

〈図表20〉超低金利環境における債券ポートフォリオ改良案

1．通常の債券ポートフォリオ	
バンガード全債券市場ETF	2.9%
2．代替ポートフォリオ	
途上国債券ETF（50%）	4.7%
バンガード好配当株投信（50%）	2.9%
平均利回り	3.8%

（注）利回りは2012年末のもの

構成は若く資源国なので、経済の長期見通しは明るいが、その割に国債金利は5%を大きく上回る（2012年初頭で8%）。また、対ドルの為替も強含みだ。同様な議論はブラジルなどの国債についてもいえる。相対的に格付けの高い新興国国債に分散された債券ファンドの利回りは2012年において、米国債ファンドよりかなり高い。

第2の方法は、高格付け米国債券ポートを、好配当の優良株ポートと入れ替えてみることだ。多くの優良企業の配当率は同じ企業の社債利回りより高く、しかも今後増配の可能性もある。たとえばAT&Tだ。同社の配当率は約5%、10年物社債利回りのほぼ倍だ。しかも同社は過去35年間、年

5％ずつ配当額を増加させてきている。他方、社債金利は、固定されている。さらにインフレが進むとAT&Tの収益と配当は増加する。その意味では債券は株よりリスクが高い。

このように、定期収入の必要な投資家は、保有高格付け社債を、同一企業の好配当株式に入れ替えるとよい。図表20は一例として途上国債券と、好配当株式50％ずつのポートフォリオに入れ替えた効果をまとめたものだ。

▽長期投資で成功するためのカギ

今後も投資家にとっては驚くことが続き、市場は上下を繰り返すだろう。今ホットな銘柄やベストな成績の投信を追いかけ、下がれば慌てて投げる投資家は、損失を免れない。長期的に成功するためには、自分でできること、つまりコストを抑えることだ。そして、相場変動に気を取られず、自分で立てた投資方針をしっかり守っていくことだ。

投資で長期的に成功するカギは以下の4点を実行することである。

➤分散投資

➤リバランス（定期的にチェックし、一度決めた分散比率へ戻すこと）

➤ドル・コスト平均法（定期定額長期積み立て投資）

➤インデックス・ファンド

忍耐力と継続こそが大事だ。この投資の大原則に基づいて長期方針を立て、しっかりと実行すれば、成功は間違いないだろう。

まとめ　超シンプルな投資法

安定した退職後の生活を送るためにはいくつかのステップがあるが、いずれもとても簡単なものだ。

しかし同時に、一喜一憂しない精神と、周りの意見や雰囲気に流されない気持ちが必要となる。

［5つのポイント］

1　若いうちから貯蓄を始めて、定期的に続けること。

2　会社の福利厚生制度や国の退職に向けての制度を活用すること。あなたの蓄えを増やし、税制上の優遇措置もある。

3　市場全体に投資するコストの低い「インデックス・ファンド」を資産タイプ

ごとに選ぶことで分散を図る。

4―自分に合った資産配分を維持するために年1回見直す。

5―自分の決めた投資方法を守り、市場の値上がりや値下がりは気にかけない。一喜一憂して、売ったり買ったりすると経費もかかり、投資は失敗するだけだ。長期投資を心がけよう。

投資は単純明快に――シンプルにする。それが安定した退職後の生活資金を確保するための簡単で、経費がかからず、心配せずにすむ、最高の投資方法だ。がんばってほしい。

配偶者について述べるならば、夫や妻は自分たちの資産状況について両者ともに十分に理解しておくべきだ。投資、市場環境、資金に対する考え方は人それぞれ違うので、2人で自分たちの思いや感情を交えて絶えず話し合う必要がある。そうすれば、お互いに相手の考えていることがよくわかり、投資の意思決定を共同で行うことができる。

もうひとつ付け加えるなら、経済状況や税制がとくに複雑な場合には、税理士やファイナンシャル・アドバイザーなど有料の専門家に相談したほうがいい。相談が無料の証券会社のアドバイスに頼ると、高コストの商品を売りつけられるなど、かえって高くつく。

推薦図書

投資について、もっと知りたいとお望みの方に、以下の本をお薦めしたい。

- バートン・マルキール『ウォール街のランダム・ウォーカー（原著第11版）』井手正介訳、日本経済新聞出版社、２０１６年
- チャールズ・エリス『敗者のゲーム（原著第6版）』鹿毛雄二訳、日本経済新聞出版社、２０１５年
- ベンジャミン・グレアム／ジェイソン・ツバイク『新 賢明なる投資家』増沢和美／新美美葉／塩野未佳訳、パンローリング、２００５年
- ジョン・ボーグル『インデックス・ファンドの時代』井手正介監訳、東洋経済新報社、２０００年
- ジョン・ボーグル『マネーと常識』林康史監訳、日経ＢＰ社、２００７年
- Jonathan Clements, 25 Myths You've got to Avoid: *If You Want to Manage Your Money Right*, Fireside, 1999.
- David Swenson, *Unconventional Portfolio Management: An Unconventional Approach to*

International Investment, fully revised and updated, The Free Press, 2009.（デイビッド・スエンセン『勝者のポートフォリオ運用』大輪秋彦監訳、金融財政事情研究会、２００３年）

●Andrew Tobias, *The Only Investment Guide You'll Ever Need*, Harvest Books, 2005.

●Jason Zweig, *Your Money and Your Brain: How The New Science of Neuroeconomics Can Help Make You Rich*, Simon & Schuster, 2007.

謝辞

卓越した才能に恵まれた編集者、ウィリアム・ラッカイザーが、読者にわかりやすいようにと、原稿を一行一行、丁寧に手直ししてくれた。

また、私たちの素晴らしい妻である、ナンシー・ワイス・マルキールとリンダ・コッチ・ロリマーにも感謝したい。ベネッサ・モブレー、メグ・フリー・ボーン、ビル・ファルーンの大局的な質問や示唆は、この本を書くにあたってとても助けとなった。エレン・ディピッポ、キャサリン・フォーティン、キンバリー・ブリードの3人は、私たちの読みにくい手書きの原稿を手際良く入稿してくれた。

この原稿のために資金援助をしてくれたCenter for Economic Policy Studiesにも感謝したい。

最後に、幸運にも私たちの学生、恩師、友人である以下の運用専門家に対して深い感謝の気持ちを伝えたい。ピーター・バーンスタイン、ジャック・ボーグル、ウォーレン・バフェット、デイビッド・ドッド、ベンジャミン・グレアム、タッド・ジェフリー、マーティン・リーボビッツ、ジェイ・ライツ、チャーリー・マンガー、ロジャー・マレー、ジョン・ネフ、ポール・サミュエルソン、ガス・ソーター、ビル・シャープ、デイビッド・スウェンセン。

訳者あとがき

第2版に寄せて

本書は、今日の資産運用の世界をリードする2人の大専門家、バートン・マルキールとチャールズ・エリスの共著である。証券投資を考える一般個人の読者向けに、資産運用の基本的な原理・原則をやさしく、簡潔に述べた画期的な本の改訂版である。

2010年の初版出版後、リーマン・ショックによる大暴落とその後の急回復の過程で、今や市場動向に合わせて売買するアクティブ運用が有効だという、インデックス運用への批判が高まった。第2版ではそれに対し、そうした市場の大変動期にこそ、彼らの提唱する長期投資の手法が通用することを検証した第Ⅵ章が追加されている。

世界経済のグローバル化が加速し、世界中のニュースが時々刻々新聞・テレビやインターネットを賑わす。わが国では少子高齢化が進展し、年金制度も課題を抱える中で、人生100年時代の収入をいかに確保するかが高齢層の最大の問題となってきている。また、住宅ローンや子供の教育費などの負担の重い働き盛りや、さらに若い世代の方にとっても、今後の資産形成はますます大切になってきている。しかし、家計貯蓄の大半を占める銀行預金の利息はほとんどゼロに等しく、「マイナス金利」の影響も懸念されている。資産運用は多くの人にとって頭が痛い問題だ。

他方、中国・インド向け、あるいはハイテク投資など、世界中のあらゆる投資商品が銀行・証券会社などを通じて紹介されている。世界に目を向け、自分で考えようと思う人々にとって、投資は期待をふくらませ、またとても知的刺激に満ちた、エキサイティングなものに見える。周りからは株や為替で儲けた、という自慢話も聞こえてくる。

しかし、ちょっと待ってほしい。よく考えてみよう、というのが本書の出発点だ。本書の著者のひとりであるマルキールは『ウォール街のランダム・ウォーカー』、もうひとりのエリスは『敗者のゲーム』という、ともにいまや古典とも言える名著の著者として世界的な評価が高い専門家だ。この2人は、証券市場と資産運用の基本について、ほぼ共通の認識・哲学を持つ。マルキールの言う「ランダム・ウォーク」とは、株価の時々刻々の足取り（ウォーク）はランダム、すなわち、そこに何らの法則性はなく、したがって将来の株価の動きを予測するのは不可能だ、という考え方だ。だから短期的な株価予測に基づいて投資してもうまくいかない、という意味だ。この考え方は、資産運用に携わる国内外のプロのファンドマネジャーの間では、今や通説と言えよう。

エリスも、世界中に圧倒的な情報ネットワークを持つ大手機関投資家が、誰よりも早く入手した情報に基づいた価格でただちに売買するため、市場価格にはそうしたほとんどすべての情報が織りこまれ、独自の割安・割高判断の余地に乏しいという。したがって継続的に市場平均以上の運用成績を上げることは極めて困難になった、と指摘する。それより、自分は何のために運用するのかという目的を確認し、その目的実現のために最適で現実的な長期運用基本方針を策定し、それをどんな市場環境のもとでもブレずに実行してゆくことの方がはるかに重要であり、それが運用で成功する秘訣だと主張する。

この2人に共通するのは、どんな優秀なプロのファンドマネジャーでも、徹底したリサーチを通じて成長株を発掘したり、あるいはエネルギーだ、ＩＴだ、途上国投資だ、といった投資テーマを判断して売買する、いわゆるアクティブ運用はなかなかうまくいかない、ということだ。いわんや情報入手や分析力に劣り、片手間で運用を考える一般個人投資家の場合はなおさらだろう。

そして成功への具体的な手段として、２人は国際的にも、資産種類としてもできるだけ幅広く分散されたインデックス・ファンド投資を勧めている。

この数年、わが国政府も現役世代の長期的な資産形成を後押しするために税制面で優遇する制度、ｉＤｅＣｏ（個人型確定拠出年金制度）やつみたてＮＩＳＡ（個人向け長期積立投資制度）を打ち出してきた。みなさんがこの制度に加入することで、特定の資産を選んで20年、あるいはそれ以上毎月一定額を積み立てることで、老後や将来の支出に備えることができる。その投資からの収入などが非課税になるといった恩典がある。

つみたてＮＩＳＡの場合、金融庁がホームページに対象として望ましい商品のリストを公表しているが、そのほとんどはインデックス・ファンドだ。投資からの収入は、元本に収益率と投資年数を掛けたものだから、元本が少なくてもできるだけ若い時にそれを始めて投資年数を伸ばせば、強力な複利のメリットを生かすことができるという趣旨である。本書の大原則に沿った投資の具体例の一つと言えよう。

マルキールとエリス合わせて100年という長い経験に裏付けられ、現在の株式市場や運用機関の実態についての深い理解と、透徹した理論的分析に基づくこうした本書の論旨展開は、きわめてわかりやすく、説得的だ。

現実的に長生きリスクを抱える高齢層の方々にとっても、引退後に備えて早めに貯蓄と投資を始めようという若い方々にとっても、本書は資産運用の原理・原則を確認する上ではまたとない入門書と言える。車の運転を始める前に免許が必要なように、投資を始めるにあたって、まず押さえておかなければいけないポイントを理解することができるだろう。マルキールとエリスが本書の冒頭で述べているように、「もっと早くこの本を読んでいたら」と感じる読者は、日本でもまだたくさんいるはずだ。

最後に、日本経済新聞出版社の赤木裕介氏に感謝したい。今回の出版に当たっても本当にお世話になった。

2018年6月

訳　者

[著者紹介]

バートン・マルキール Burton G. Malkiel

プリンストン大学名誉教授。ベストセラー『ウォール街のランダム・ウォーカー』著者。大統領経済諮問委員会委員、イェール大学ビジネススクール学部長、プリンストン大学経済学部長などを歴任、大企業の社外取締役も務めた。

チャールズ・エリス Charles D. Ellis

大手公的・私的年金・財団等機関投資家向けコンサルタント。
30年にわたり国際的戦略コンサルティング会社、グリニッジ・アソシエイツ社長を務める。現在、ホワイトヘッド財団理事長。過去において、バンガード社外取締役、イェール大学財団運用委員長、ロバート・ウッド・ジョンソン財団財務委員長を歴任。またハーバード・ビジネススクール、イェール大学大学院にて上級運用理論を教えてきた。ベストセラー『敗者のゲーム』ほか著書多数。

[訳者紹介]

鹿毛 雄二 Yuji Kage

東京大学経済学部卒、長銀ニューヨーク信託社長、長銀投資顧問社長、UBSアセットマネジメント会長兼社長、しんきんアセットマネジメント投信社長、企業年金連合会常務理事などを経て現在、ユージン・パシフィック代表。主な訳書にチャールズ・エリス『敗者のゲーム』『キャピタル　驚異の資産運用会社』『チャールズ・エリスのインデックス投資入門』(共訳)がある。

鹿毛 房子 Fusako Kage

マーシー・カレッジ卒、ロングアイランド大学大学院中退(社会心理学)。ECC外語学院講師を26年間務める。主な訳書に『チャールズ・エリスのインデックス投資入門』(共訳)がある。

投資の大原則［第2版］

2018年7月4日　　1刷
2022年1月5日　　10刷

著　　者———バートン・マルキール
　　　　　　　チャールズ・エリス

訳　　者———鹿毛 雄二
　　　　　　　鹿毛 房子

発 行 者———白石 賢
発　　行———日経BP
　　　　　　　日本経済新聞出版本部
発　　売———日経BPマーケティング
　　　　　　　〒105－8308　東京都港区虎ノ門4－3－12

装　　幀———桐畑 恭子 (next door design)
本文デザイン———増田 佳明 (next door design)
本文DTP———マーリンクレイン
印刷・製本———中央精版印刷

ISBN978-4-532-35785-6　Printed in Japan